データサイエンス／AI／IoT 時代における

# プロダクト・イノベーション
## の普及構造

難波 和秀 ｜著｜

学文社

# は じ め に

　筆者は，電機メーカーでの実務経験に加えて，社会人学生として高知工科大学大学院博士後期課程での学術研究の経験をして，博士（学術）を2017年3月に取得した。学術と実務の両方の経験を通じて，学術と実務は両輪であると感じている。学術と実務が相互に効果的に影響し合うことで，学術と実務において質の高い成果を得ることができると考えている。学術研究の成果及び実務の成果を通じて社会へ貢献することは重要であると考えており，本書は学術研究の成果を社会へ公開するものであり，高知工科大学大学院博士後期課程での博士論文をベースに，加筆修正して編纂している。

　第1部では，消費者行動に焦点を当てた本書の意義と目的を述べる。製造業における高品質なものづくりに加えて，従来にない新商品，新サービスによる価値創造，イノベーションは，今まで以上に重要となっている。今までにない価値創造のためのプロダクト・イノベーションを実現するためには，第1にプロダクト・イノベーションの推進人材，第2にプロダクト・イノベーションそのものの開発，第3に開発されたプロダクト・イノベーションの普及などが必要となる。第3の新たに開発された新商品・サービスを普及させることは重要であるが，普及が停滞することも少なくない。プロダクト・イノベーションの実現や価値創造は，企業経営において経営戦略に直結し影響が大きい。新規起業やベンチャーの活性化にもプロダクト・イノベーションは，大きな影響を与える。プロダクト・イノベーションの実現のためには，顧客にとって価値の高い新たな商品やサービスが市場でスムーズに普及することが必要となる。商品・サービスの普及現象についてはその複雑性が述べられている。新商品・サービスの普及の構造を把握し，マーケティングに活用し，スムーズに普及させることができれば，リスクの高い新たな商品・サービスの開発のリス

クを低減することができる。ベンチャーや新規事業においては，累積キャッシュフローをマイナスからプラスに早期に転じさせることが必要とされる。創業間もないベンチャー企業では，財務基盤が安定していないため，特に重要である。不確実性の高い新商品・サービスが市場投入された後，早期の普及を実現しマイナスの累積キャッシュフローをプラスに転じさせる必要がある。そのために，市場投入してからの普及を予測することは累積キャッシュフローの計画を立てる上で必要となる。しかし，ベンチャーはより不確実な新商品・サービスの開発を対象とするため，市場での普及の予測は容易ではない。このような背景より，プロダクト・イノベーションの普及の構造を明らかにし，プロダクト・イノベーションの不確実性を低減させることが求められている。

　本書の第 1 部では，先行研究で考慮されていない消費者行動の不均一性に着目し，"消費者行動の不均一性を考慮すると複雑な普及現象を再現できるのではないか"という仮説を設定した。複雑な普及現象とは，例えばキャズムとよばれる普及初期に普及が減速するような普及現象である。本書の目的は，仮説検証による複雑な普及現象の再現を通じて，プロダクト・イノベーションの普及構造を明らかにすることである。

　第 2 部では，プロダクト・イノベーションの普及構造について述べる。普及を構成する要素のモデル化，それらのモデルを用いたシミュレーションを通じて，プロダクト・イノベーションの普及構造を明らかにし，普及構造は"消費者行動の不均一性"と"情報ネットワークの不均一性"の重ね合わせの構造となっていることを示す。

　第 3 部では，社会への貢献とまとめについて述べる。まず初めに，シミュレーションによる普及予測と，現時点での相対的な普及の早さの傾向が一致する事例もあり，本書の妥当性が部分的に検証されたことについて述べる。本書の社会への貢献は，次のようなものが考えられる。第 1 に，普及シミュレー

ション，普及構造考察を通じて有効なマーケティングを立案できる。第2に，実際の過去の普及データを有している企業が本書で得られた普及構造に基づき解析を実施すると将来の普及を予見でき，経営へのインパクトが大きい経営戦略，事業戦略の立案に利用できる。第3に，相対的な普及構造をモデル式で表現しており，絶対的なパラメータに応じた普及予測の精度向上は，今後の人工知能（AI）研究等の発展によるパラメータ最適化で実現できる可能性があり，次世代の研究のための基礎研究としての普及構造を提供できる。応用例として，サプライチェーンマネジメントの需要予測への応用について述べる。サプライチェーンマネジメントの重要な役割である需要予測において，普及シミュレーションを組み込んだ新規性が高い商品に対する需要予測フローを示し，本手法が需要変動リスクの安定化へ貢献できる可能性について述べる。最終節で，本書全体のまとめを述べる。

　本書は，高知工科大学大学院博士後期課程での博士論文がベースとなっている。博士課程での研究をご指導いただいた主査の那須清吾教授に心より感謝申し上げたい。副査の桂信太郎教授，生島淳准教授，冨澤治名誉教授，永野正展教授からも貴重なご指導，ご助言，ご支援をいただき，感謝申し上げる。また，本書をすすめるにあたり，多くの方々にお世話になり，謝意を表したい。改めて深く感謝申し上げる。

　本書出版をお引き受けいただいた学文社の代表取締役　田中千津子氏には出版にあたり多くのご支援をいただき，心から感謝申し上げる。


2018 年 8 月

難 波 和 秀

目 次

はじめに　1

## 第1部　消費者行動の意義と目的

### 第1章　研究アプローチ ———————————— 8

第1節　研究の背景　8
第2節　プロダクト・イノベーション創出全体構造　14
第3節　研究アプローチ　21

### 第2章　先行研究と本書の目的 ———————————— 24

第1節　バスの普及モデル　25
第2節　普及過程の情報ネットワークの不均一性　25
第3節　先行研究の限界　27
第4節　仮説と目的　29

## 第2部　プロダクト・イノベーションの普及構造

### 第3章　仮説検証（アンケート調査） ———————————— 34

第1節　アンケート概要　35
第2節　アンケート結果（予備調査）　38
第3節　アンケート結果（本調査）　39
第4節　仮説検証結果　41

### 第4章　普及のモデル化 ———————————— 43

第1節　Investigation モデル　44
第2節　消費者行動モデル　49
第3節　エージェント相互作用モデル　50

## 第5章 シミュレーション ——————————————————— 53

第 1 節　シミュレーション環境　54
第 2 節　シミュレーション条件　56
第 3 節　シミュレーション結果一覧　59
第 4 節　シミュレーション結果（標準設定）　59
第 5 節　シミュレーション結果（先行研究再現設定）　63
第 6 節　シミュレーション結果（キャズム再現設定）　67
第 7 節　プロダクト・イノベーションの普及構造　73

## 第3部 社会への貢献とまとめ

## 第6章 シミュレーション結果の傾向の一致検証 ——————— 78

第 1 節　検証対象　79
第 2 節　普及シミュレーション結果　81
第 3 節　普及シミュレーション結果の傾向の一致検証　84

## 第7章 ソリューション提案 ——————————————————— 86

第 1 節　社会への貢献　86
第 2 節　ソリューション例　87

## 第8章 サプライチェーンマネジメントの需要予測への応用例 —— 89

第 1 節　サプライチェーンマネジメントにおける需要予測　89
第 2 節　マーケティングサイエンスを応用した需要予測　91

## 第9章 ま と め ——————————————————————— 94

索　引　99

# 第1部
# 消費者行動の意義と目的

# 1 研究アプローチ

## 第1節  研究の背景

　新しい商品・サービスによるプロダクト・イノベーションの実現は，極めて重要である。特に近年，電機産業において業績低下の事例，不祥事の事例，他社による買収の事例など低迷の事例があり，ますますプロダクト・イノベーションの重要性は高まっている。

　電子デバイス産業においても，湯之上隆（2013）は日本の半導体産業について次のように述べている。「2012 年 2 月に，DRAM 専業のエルピーダは倒産した。また同年ルネサスは倒産寸前となり，約 7500 人をリストラし，政府系ファンドの産業革新機構を中心とする官民連合に買収され，SOC の製造は TSMC に委託することになった。富士通とパナソニックは，両社の SOC 設計部門を経営統合してファブレス化することになり，富士通の三重工場は TSMC に売却される。東芝の NAND フラッシュメモリは世界シェア 2 位と健闘しているが，SOC 部門は大幅に縮小されファブライト化した。」と日本の半導体産業の崩壊を指摘している[1]。半導体産業以外の電子デバイス産業においても，液晶事業を中心とするメーカーの経営危機，太陽電池事業やリチウムイオン電池事業の国内メーカーの国際シェア低下の事例がある。

　このように，1990 年代まで世界を席巻した日本の半導体産業は 2000 年代から世界での競争力を失い，一部のカテゴリを除いて衰退を続けている。産業のコメと呼ばれる半導体産業の衰退を止めることはできるのだろうか。

　このような状況に対して，湯之上隆（2012）は「社員全員がマーケッターにならなければ生き残ることはできない」と危機感をもち提言している[2]。竹

内健（2012）は「2003年に次世代フラッシュメモリ設計のプロジェクトリーダに就いた私にとっても，業界の動向や市場のニーズを探ることはとても重要でした。設計スタッフがある程度固まって以降，私は多様な分野の企業を調査するため，世界中を飛び回るようになりました。いわゆるマーケティングです。」とマーケティングの重要性を述べ，同時に「マーケティングを経験したことで，新たな商品開発の視野も広がりました。顧客に対して何が必要ですかと問いかけても，『現在の形は変えずに，安くて，省電力で高速なもの』などと言うだけです。消費者はいまある商品の範囲・延長でしか考えてくれません。その要求に応えることだけを考えていると，新たな商品開発への発想が狭まってしまいます。市場調査などに頼っても，いいアイデアは生まれないわけです。ところが，マーケティングの現場でCPUやOSといった広い領域まで俯瞰することができたため，メモリのある部分を変えれば，連動するCPUとOSの条件も変わり，もっと安くて，省電力で，高速なものに仕上がるという，最終的なアプリケーションのイメージがつかみやすくなりました。」とマーケティングで視野が広がり，最終的なアプリケーションのイメージがつかみやすくなるという効果を経験している[3]。両氏とも電子デバイス産業といえども，マーケティングの重要性を述べている。

　従来は製造品質の向上に優位性があったため，商品の特性，機能を従来の延長で上げていくことを中心に考えられていたが，近年は顧客価値創造，イノベーション創出が必要となっている。このためには，マーケティングによって顧客の顕在ニーズ，潜在ニーズを理解し商品開発・企画することが必要である。顧客の潜在ニーズを満足させる革新的な商品開発・企画を実施する場合を含め，プロダクト・イノベーション普及過程について理解することは，プロダクト・イノベーションの不確実性を低減させる点で重要である。

　電子デバイス開発（半導体開発）の一般的な流れは，次のようになる。「トランジスタ（例えばCMOS）を用いた回路設計（アナログ，ロジック）を実施」，「設計結果を反映した物理マスクを作製」，「製造工場でシリコンウエハへ

回路パターンを転写し，製造する」，「セットメーカーへ納入し，セットを通じて，最終顧客へ納入する」などである。セット開発と比較した場合の電子デバイス開発の特徴としては，「直接の顧客はセットメーカー（部門）であり，セットを通じて最終顧客へ納入される」，「製造から設計まで範囲が広く，それぞれの領域が専門化している」，「装置産業のため，先端製造を維持するためには継続的な巨額の投資が必要で，水平分業がすすんでいる」などである。

図1-1に示すように電子デバイス開発の構造は1次顧客または2次顧客等を通じて最終顧客へ商品・サービスが提供される構造となっている。この構造がセット開発との大きな違いとなり，電子デバイス開発者は最終顧客のことを知る機会が少なく，最終顧客における提供価値とその導入イメージをつかみにくいという構造となっている。

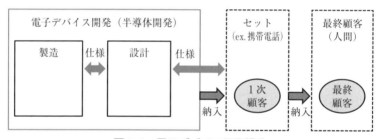

図1-1　電子デバイス開発構造

このような構造のため，電子デバイス開発者（組織）が最終顧客を考慮することなく，1次顧客の要望にただ従うばかりの活動を行っているとどうなるだろうか。日経産業新聞（2015）[4)]は「『完成車頂点』ITで一変，産業ピラミッドの崩れ，部品が革新をけん引する，手つかずの領域」というキーワードで自動車の業界構造の変化を述べている。自動車の業界構造については，従来は自動車メーカーを頂点とし，その下の1次部品メーカー，その下の2次部品メーカーというようなピラミッド型の構造となっていた。「これからはイノベーションの起点は自動車部品メーカーや新興企業にも広がる，一方で変化についていけない一部の企業は廃業や事業転換も……」と述べ，業界構造が変化してい

ることを述べている。この産業ピラミッドの崩れを図1-2に示す。従来であれば自動車メーカーを頂点として1次部品メーカー，2次部品メーカーへ繋がる産業ピラミッドが形成されイノベーションが生まれていた。しかし，これからは新興企業や異業種からの参入組からイノベーションが生まれることが想定される。このことから，今後は電子デバイス開発者（組織）は1次顧客だけでなく，最終顧客のことも考慮しながら開発を行う必要性がある。

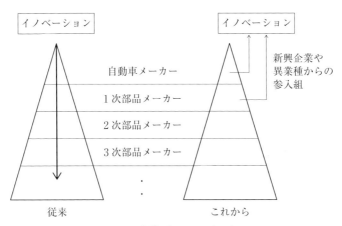

**図1-2　産業ピラミッドの崩れ**
出所）日経産業新聞（2015）を基に筆者作成

　このように，電子デバイス開発者（組織）は電子デバイス開発（半導体開発）の構造に起因して最終顧客のことや普及について理解することの困難さがある。しかし，困難だからといって最終顧客や普及について理解を深めず，1次顧客の要望のみに従って開発すると，いつの間にか変化に取り残されてしまう。また，電子デバイス開発（半導体開発）は一般的には開発期間も長く，大きな投資も必要であり，開発段階で少しでも最終顧客や普及についてより理解し，計画の確度を上げる必要がある。従って，最終顧客や普及について，理解することが必要であり，特に電子デバイス開発（半導体開発）においては重要である。

　電子デバイス開発者（組織）は1次顧客と同等もしくはそれ以上に最終顧客

や普及について理解し，考慮することができれば，表1-1のように，自らシーズを創りだせる点において優位となる。更に，その創出コストも把握することができる。一方で，長い開発期間，大きな投資のリスクを負うことになる。長い開発期間のため最終顧客からのフィードバックにより開発内容を大きく変更することも容易ではない。従って，電子デバイス開発者（組織）は開発構想時に最終顧客へ提供するプロダクト・イノベーション（商品・サービス）を1次顧客と同等レベルにイメージできることはもちろんのこと，その普及についてもより確度の高いイメージをもつことが必要とされる。

**表1-1　セット開発と電子デバイス開発の違い**

| | セット開発 | 電子デバイス開発 | |
|---|---|---|---|
| 最終顧客のニーズ把握 | ○<br>把握しやすい | △<br>把握しにくい | 最終顧客へ近いセット開発が把握しやすい |
| シーズ創出 | ×<br>創出しにくい | ◎<br>自ら創出できる | 創出コストも把握可能 |
| 開発期間 | ○<br>デバイスよりは短い | ×<br>開発期間は長い | |
| 最終消費者からのフィードバック | ○<br>得ることができる | ×<br>予想が必要 | 長い開発期間と大きな投資のため予想が必要 |

　はたして最終顧客との接点が多くない電子デバイス開発者（組織）が最終顧客のことを深く理解できるであろうか。1次顧客の先の最終顧客を知り，理解することについて，延岡健太郎（2011）[5]は次のように述べている。「顧客の事業については，顧客の方がよく知っているので，顧客よりも上の立場に立つことは難しいと考えるかもしれない。しかし，2つの意味で，それは十分に可能である」。「1つには顧客企業以上の知識によって上の立場に立つべきなのは，自社が提供する商品に関連する分野なので，自社の得意分野のはずだ。自社の関連分野であれば，顧客企業の事業内容や現場のプロセスを十分に調査し勉強できないはずはない」。「2つには，生産財の供給企業は，取引のある多くの顧客企業から学ぶことができるので，その点では個々の顧客企業よりも優位な立

12

場にある。」として1次顧客の先の最終顧客を知ることは可能であるという見解を示している。特に2つ目の取引のある多くの顧客企業から学ぶことができるので，その点では個々の顧客よりも優位な立場にあるという点についてが，複数の1次顧客と関わることがある電子デバイス開発者（組織）ならではの強みであり，このような活動を通じて最終顧客のことを深く理解することは可能である。更に，「価値づくりの条件として①独自性・差別化，②顧客価値をあげ，技術的な機能・スペックのみだと顧客ニーズが頭打ちするため，機能的価値の延長にない意味的価値の向上が重要」との見解を示している[5]。顧客ニーズの頭打ちについて「技術的な機能，スペックのみだと，早期にコモディティ化し，顧客価値（市場）のあらたな創出が必須となるため，意味的価値の重要性がアップする。」と指摘している[5]。「機能価値は機能・スペックをベースに，客観的な評価軸が定まっている価値。意味的価値は特定の顧客が主観的に意味づける価値に分けられる。意味的価値は特定の顧客が主観的に意味づける価値であり，本当の価値である。生産財の意味的価値とは，①顧客の利益が増える提案，②顧客が気づいていない提案となる。」と意味的価値について説明している[5]。最終顧客や普及について理解した上で，そのイメージを実現するための1次顧客の選択について，伊丹敬之（2014）[6]は次のように述べている。「市場にはじつにさまざまな顧客候補がいる。その中から誰を自分たちが本当に対応したい顧客とするのか，企業は『意図をもって』選択しなければならない。」と意図をもって選択することの重要性に言及している。そのためには，その先の最終顧客や普及についての理解が欠かせず，理解した上で「意図をもって」選択することが重要である。

　これまで述べてきたように，最終顧客や普及を理解し，そのイメージを実現するために意図をもって1次顧客を選択するという活動が重要である。これらの一連の活動は人によって実施されるものであり，どのような人材や枠組みが有効であろうか。丹羽清（2006）[7]は「高度技術社会において，マーケティングの中心課題（製品開発）を行うには，技術開発や技術者を含める必要があ

る。つまり，マーケティング部門と技術部門との協同が必須である。あるいは，逆の言い方をすると，技術者はこれまでマーケティング部門が行ってきた仕事まで含めて商品開発業務を行う必要がある。とくに，キャッチアップ段階からフロントランナー段階に入った企業では，従来の狭い意味での技術開発から，広い意味，すなわち，従来のマーケティングの仕事まで含んだ技術開発（すなわち，製品開発）を，技術者が行うということが必要である。これは，実現可能であろう。」と述べ，フロントランナー段階に入った企業で，技術者がマーケティングを行うことの重要性に言及している。これは活動の中心が変化していることを表している。キャッチアップの段階では技術者は製品開発を中心に行い既存製品の特性，機能をキャッチアップし，それ以上に改善する活動が中心であった。しかし，キャッチアップの段階からフロントランナー段階に入り価値創造，イノベーションが重要になった場合は，技術者は製品開発から伸展して，マーケティング部門と協同してマーケティングを行い，最終顧客や普及について理解し，製品開発へ反映する活動が中心となる。

　今まで述べてきたように，電子デバイス開発者（組織）に加えて，セット（最終商品）の商品企画者，開発者が最終顧客や普及について理解することは，より直接的に影響があり重要である。

## 第2節　プロダクト・イノベーション創出全体構造

　プロダクト・イノベーション創出全体構造を図1-3に示す。プロダクト・イノベーション創出のためには，第1にプロダクト・イノベーションの推進人材，第2にプロダクト・イノベーションそのものの開発，第3に開発されたプロダクト・イノベーションの普及が必要となる。

　第1のプロダクト・イノベーションの推進人材については，さまざまな視点から高度なスキルが必要とされる。コーディネート力，アレンジ力，連携などの表現に代表される複数の要素を横断的に最適に組み合わせて価値を創出す

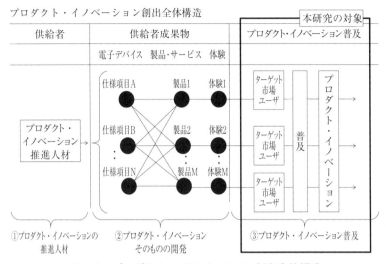

図 1-3　プロダクト・イノベーション創出全体構造

るスキル，将来ビジョンを描くスキル，チーム（組織）の方向性を合わせるスキル，困難を乗り越えプロジェクトを強力に推進するスキルなど，これ以外にも多くのスキルが必要となる。連携の範囲が自社や 1 つの組織だけでなく，他社や産学官連携などの場合はよりコーディネータの役割は重要となる。佐藤暢（2015）[8]は次のように指摘している。「産学官連携のプロセスの中で，①プロジェクトに必要な資源をつなぐためのコーディネート機能，②プロジェクトを形成するためのリーダシップ機能，③プロジェクトを推進するためのマネジメント機能の 3 つの機能が，コーディネータが果たすべき機能であると結論づけた。さらに，産学官連携コーディネート活動とは『生きた情報や知恵』と『密なる人的ネットワーク』を基にした『構想力の発見』であるという見解に至った。そして，優れたコーディネータとは，科学技術とビジネスの双方に立脚し，産・学・官の混沌の中から新たなコトを構想し，そのコーディネート力，リーダシップ力，マネジメント力を以て，産・学・官のバリューチェーンを構築し，新たな価値の創出すなわちイノベーション創出の牽引役となる人材であ

ることが示された」とコーディネーションのあり方と重要性に言及している。

　イノベーションの推進人材がスキルを発揮しイノベーションを創出する際に定職を離れ，起業や起業に相当する活動を実施しやすくできるキャリアのフレキシビリティの確保も課題である。

　資金面も重要であり「ベンチャーキャピタル等投資動向調査では，2014年度概要として1171億円（対前年度増減率▲35.6％）の投資金額であった。このような従来の投資に加えて，株式型クラウドファンディング新設などのトピックスがある」と資金確保の状況，多様性に言及している[9]。

　第1のプロダクト・イノベーションの推進人材については本書の対象としないが，プロダクト・イノベーション創出のためには非常に重要な要素である。


　第2にプロダクト・イノベーションそのものの開発について，従来の工学などに代表されるエンジニアリングの領域と，経営学，経済学，MBAなどに代表されるビジネスの領域をうまく融合することが重要となる。出川通（2014）[10]は「プロダクト型のイノベーションが顧客価値獲得に必須の時代では，技術ロードマップをいかに事業戦略と結びつけ可視化するかがポイントとなります。」と技術ロードマップと事業戦略とを結びつける技術とビジネスの融合の重要性をポイントとして示している。

　この融合に加えて，近年ではデザイン思考の重要性が増している。佐宗邦威（2015）[11]は次のように述べている。「1980年頃からはユーザインターフェイス開発の中で成熟してきた『人間中心デザイン』という考え方と融合し，1990年代からはアメリカの有名デザインファームIDEOを中心として，『デザイン思考』によるデザイン戦略コンサルティングが産業として成り立っています」とデザイン思考の登場に言及している。「デザイン戦略コンサルティングは，単に机上の空論の戦略だけではなく，ユーザ理解から，ユニークな視点で課題を発見し，具体的な商品やサービスに落とし込んだ提案ができるのが強みです。最近では経営戦略コンサルティングの案件において，戦略コンサルファームの

代表格であるマッキンゼーと IDEO が競合することが増えてきているといいます。」とデザイン思考によって具体的な商品やサービスに落とし込むことが強みであり，経営戦略コンサルティングと肩をならべられるほどデザイン思考の効果は大きいとその影響力を示している [11]。「欧米のデザインスクールにおけるカリキュラムを理解する上で，基本的な考え方が，『イノベーションを担う３つの輪』です。『デザイン，ビジネス，エンジニアリングの３つの要素が協働することでイノベーションを生み出すことができる』というものです。これは，デザインファーム IDEO が提唱した，『イノベーションに不可欠な３つの要素がそろってはじめて新たな価値が創りだされる』という考え方と符合しています。」と３つの要素の重要性を述べている [11]。３つの要素について「1 構想：人間にとって望ましい姿を構想する＝デザインの役割，2 実現：再現性をもって実現することを可能にする＝エンジニアリングの役割，3 商売：社会にとって影響力を広げていく商売の仕組みをつくる＝ビジネスの役割」と３つの要素を示している [11]。このようにデザイン思考はプロダクト・イノベーションそのものの開発に大きな影響を与える可能性はある。デザイン思考の人気について，「ハーバード大学とスタンフォード大学の経営学修士号（MBA）コースに両方受かった学生はどちらを選ぶか……。スタンフォードを選んだ学生が大きな理由として挙げるのが教育機関『d スクール』の存在だ。新しいサービスを生み出すための開発手法『デザイン思考』が学べるためで，学位は取れないのに高い人気を誇っている。今年退任するスタンフォード大学長，ジョン・ヘネシーは複数の学科を融合させて成果を上げた自身の功績として真っ先に d スクールを挙げる。」とデザイン思考の人気に言及している [12]。

「d スクールのコンサルティング教授，サム・イェンは『大学では通常，与えられた課題の解決策を学ぶが，d スクールでは問題の見つけ方を学ぶ』と解説する。」と問題の見つけ方を学ぶことを重視していると指摘している [12]。問題の開発の重要性について，三宅秀道（2012）[13] は次のように述べている。「新しい市場ができるとき，最初になされるのは，ヒトの新しい生活習慣や振る舞

い，つまり新文化の開発です。新しい生活様式がなければ新しいモノやサービスも必要とされず，したがってその市場も創造されるはずがない。そして新文化の開発の最初には，まず問題の開発，新しい問題の設定があります。まず新しい問題が設定されて，『こういうモノ（あるいはサービス）が必要だ』という価値判断や問題意識が普及して，新しい文化が開発される。しかる後にそれを改良する競争がはじまる。技術開発が必要になるのは，新市場が創造されてからのことです。」とまず問題の開発，新しい問題の設定が重要であることを指摘している。

　イノベーションの創出に社外のアイデアを活用する取り組みも重要となる。ヘンリー・チェスブロウ（2007）[14]は「オープン・イノベーションとは，企業が自社のビジネスにおいて社外のアイデアを今まで以上に活用し，未活用のアイデアを他者に今まで以上に活用してもらうことを意味する。このためには，各企業が自社のビジネスモデルのオープン化を進め，より多くの社外のアイデアやテクノロジーを取り込み，より多くの社内の知識を公開していく必要がある。ビジネスモデルのオープン化により，オープン・イノベーションはイノベーションのコストの削減，市場投入期間の短縮化，他者とのリスク共用の可能性を提供できるようになる。」とオープン・イノベーションの有効性に言及している。

　第2のプロダクト・イノベーションそのものの開発については本書の対象としないが，デザイン思考やオープン・イノベーションを含めて重要な要素である。


　第3の開発されたプロダクト・イノベーションの普及を本書の対象とする。プロダクト・イノベーションの普及については，エベレット・ロジャーズ（1962）はイノベータ理論を提唱し，新商品や新サービスの市場浸透に関して，消費者を新商品購入の早い順番に次のように5つのグループへと分類した[15]。

第1章 研究アプローチ

#### ● イノベーター（革新者）

新しいものを進んで採用する，冒険的な人。商品・サービスの革新性，目新しさという点が重視されるため，商品の便益はほとんど影響しない。市場全体の2.5％。

#### ● アーリーアダプター（初期採用者）

流行には敏感で，社会と価値観を共有しているものの情報収集を自ら行い，判断する人。商品の便益を理解したうえで購入に踏み切る。他の消費者層への影響力が大きく，オピニオンリーダーとも呼ばれ，商品の普及の大きな鍵を握るとされる。新商品・サービスが提供する便益が必ずしも一般に受け入れられるとは限らないため，市場に広く浸透するかどうかはアーリーアダプターの判断や反応による影響が大きい。市場全体の13.5％。

#### ● アーリーマジョリティ（前期追随者）

新しいものの採用には比較的慎重だが平均より早くに新しいものを取り入れる。アーリーアダプター（オピニオンリーダー）からの影響を強く受け，新商品・サービスが市場へ浸透するための媒介層である。市場全体の34.0％。

#### ● レイトマジョリティ（後期追随者）

新しいものの採用には比較的懐疑的な人。周囲の大多数が使用しているという確証が得られてから同じ選択をする。新市場における採用者数が過半数を越えた辺りから導入を始めるため，フォロワーズとも呼ばれる。市場全体の34.0％。

#### ● ラガード（遅滞者）

最も保守的な人。流行や世の中の動きに関心が薄い。イノベーションが伝統化するまで採用しない。最後までなかなかイノベーションを受け入れない層で，中には最後まで不採用を貫く者もいる。市場全体の16.0％。

この5つのグループについて次のように述べられている[15]。「この5つのグループはそれぞれが独自の価値観で行動し，商品・サービスの採用を行うため，その考え方と行動が商品の普及に関係すると考えられている。イノベーターは革新性は高いが極めて少人数で，価値観や感性が社会の平均から離れすぎ

19

ているため，全体に対する影響力はあまり大きくない。それに対してアーリー
アダプターは社会全体の価値観からの乖離が小さく，そのイノベーションが価
値適合的であるかどうかを判断し，新しい価値観や利用法を提示する役割を果
たす存在となりえる。イノベーターとアーリーアダプターは合わせても市場全
体の16％に過ぎないが，この2層まで普及するかどうかがアーリーマジョリ
ティ，レイトマジョリティにまで広がるかどうかを左右する。そこでロジャー
ズは，「普及率16％」をクリティカルマス（急激に市場が拡大する分岐点）と
し，他の消費者への影響力が大きいアーリーアダプターこそが商品普及の鍵を
握ると主張した。そのためこの層は，『オピニオンリーダー』『インフルエンサー
（影響者）』『マーケットメーカー』ともいわれ，マーケティング研究において重
視されてきた。」とアーリーアダプターが重要な役割であると示されている。

　ジェフリー・ムーア（2013）[16]は「普及過程ではアーリーアダプターとアー
リーマジョリティの間に顧客心理の違いにより，溝（キャズム）が発生する」
と普及の複雑性としてキャズムの存在に言及している。

　堀部幸祐（2005）[17]は「一般にはマーケティングにおける分析方法としてプ
ロダクト・ライフサイクルが導入された場合，この正規分布による分析が行わ
れるが，このカーブは商品に対しては全体を現しているが，個々のグループに
対する注目度が低いため，実際の購買頻度曲線を分析するには簡便すぎる。」
と個々のグループに対する注目度の低さを指摘し「この分類された5つのグ
ループに対して夫々の購入頻度を導入することにより，実際の購買頻度に対応
した分析を加えられるモデルを提案する。」と実際の購買頻度に対応した分析
を加えられるモデルが提案されている。提案されているモデルによると「購入
頻度は最高到達点を迎えるまでに2回落ち込むことが分かる。これはハイテ
クマーケットにおいて一般的になった，『死の谷』，及び『ダーウィンの海』と
符合する」とし，更に，「注目すべきは，販売開始後，順調と思われた収益（利
益）の伸びが極端に落ち込む展開が待っている事である。これは一般に言われ
ている『キャズム』に符合する。」とキャズムに関連して言及している。

## 第3節　研究アプローチ

　研究のアプローチの全体俯瞰を図 1-4 に示す。研究アプローチは Step0 から Step5 までの 6 つの Step で構成されている。実社会から抽出された要素を用いて普及をモデル化し，その普及のモデルを用いて行なった普及のシミュレーション結果と実社会の普及現象を比較し，傾向の一致検証を実施する。この一連のアプローチでプロダクト・イノベーションの普及構造を明らかにする。

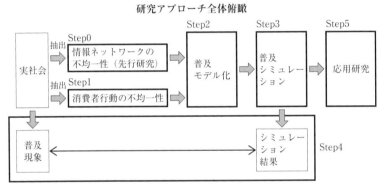

Step0：先行研究調査と限界の明確化
Step1：消費者行動の不均一性アンケート調査
Step2：普及のモデル化
Step3：普及シミュレーション
Step4：普及シミュレーション結果と実社会普及現象の傾向一致検証
Step5：応用研究

**図 1-4　研究アプローチ**

　Step0 では先行研究調査と限界の明確化を検証する。普及においてマクロ視点の先行研究としてバスの普及モデルとその限界を述べる。マクロ視点の限界に対してミクロ視点の先行研究として情報ネットワークの不均一性を明らかにした先行研究とその限界を述べる。先行研究の限界に対する仮説を提示し，先行研究との比較を実施し，本書の新規性を示す。最後に仮説と目的を述べる。
　Step1 では，仮説検証を実施する。本書の仮説のベースとなる"普及過程の消費者行動は不均一である"という仮説をアンケート調査を用いて検証する。

アンケート調査は商品・サービスの利用開始の早さを直接測定する予備調査と，本調査で構成されている。予備調査で対象とする商品・サービスは Facebook，スマートフォンの複数の対象としている。

Step2 では，普及のモデル化を実施する。普及のモデル化は先行研究の情報ネットワークの不均一性と，本書の仮説検証の結果から得られる消費者行動の不均一性の両方の不均一性を反映したモデルとする。両方の不均一性を反映した消費者の調査行動のモデル化，調査行動のモデルを用いた消費者行動のモデル化をそれぞれ実施し，更に消費者行動のモデルを用いたエージェント相互作用のモデル化を実施してより実社会に近いモデル化を行い，普及シミュレーションを利用しやすくする。

Step3 では，普及のシミュレーションのためのシミュレーション環境の選択と，シミュレーション条件を示し，標準設定，先行研究再現，キャズム再現のそれぞれ異なる設定での異なるシミュレーション結果を示す。異なるシミュレーション結果を考察し，普及の構造を明らかにする。

Step4 では，普及のシミュレーション結果と実社会の普及現象の傾向一致検証を行う。検証対象の展示会の概要を述べ，対象商品・サービスに対して普及のシミュレーションを行い，得られた結果と実社会の傾向の一致の検証を行う。

Step5 では応用研究として本書の社会への貢献に言及する。マーケティングの一例や応用，展開の例についても示す。

最後に，Step0 から Step5 までの研究アプローチから構成される本書全体をまとめる。


**注)**
1) 湯之上隆（2013）『日本型モノづくりの敗北』文藝春秋
2) 湯之上隆（2012）『電気・半導体大崩壊の教訓』日本文芸社
3) 竹内健（2012）『世界で勝負する仕事術』幻冬舎
4)『日経産業新聞』2015 年 8 月 6 日付第 1 面
5) 延岡健太郎（2011）『価値づくり経営の論理』日本経済新聞出版社

6）伊丹敬之（2014）『経営戦略の論理』日本経済新聞出版社

7）丹羽清（2006）『技術経営論』東京大学出版会

8）佐藤暢（2015）「社会技術としての産学官連携コーディネーションのあり方」高知工科大学，2015-03

9）ベンチャーエンタープライズセンター（2015）『ベンチャー白書2015』ベンチャーエンタープライズセンター

10）出川通（2014）『実践MOT入門』言視舎

11）佐宗邦威（2015）『21世紀のビジネスにデザイン思考が必要な理由』クロスメディア・パブリッシング

12）『日本経済新聞』「問題の見つけ方学ぶ場」2016年5月4日付第21面

13）三宅秀道（2012）『新しい市場のつくりかた』東洋経済新報社

14）ヘンリー・チェスブロウ，栗原潔訳（2007）『オープンビジネスモデル』翔泳社

15）エベレット・ロジャーズ，三藤利雄訳（2007）『イノベーションの普及』翔泳社

16）ジェフリー・ムーア，川又政治訳（2013）『キャズムVer2』翔泳社

17）堀部幸祐（2005）「改良型プロダクト・ライフサイクルによるマーケティング」高知工科大学，2005-03

# 2 先行研究と本書の目的

　本章では，図2-1に示すStep0として，先行研究調査を行い，先行研究の限界を明確化していく。普及においてマクロ視点であるバスの普及モデルの先行研究，ミクロ視点である情報ネットワークの不均一性を明らかにした先行研究のそれぞれの限界を示す。先行研究の限界に対する本書の仮説を提示し，先行研究と本書の比較を実施し，本書の新規性を示し，最後に本書の仮説と目的を述べる。

　第1節ではバスの普及モデルについて，第2節では普及過程の情報ネットワークの不均一性について，第3節では先行研究の限界に対する本書について，第4節では本書の仮説と目的について述べる。

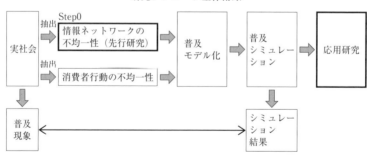

図2-1　研究アプローチ　Step0

## 第1節　バスの普及モデル

普及に関する先行研究として次のバスの普及モデル（1969）[1]が知られている。

$dN(t)/dt = a(m - N(t)) + b((N(t)/m)(m - N(t)))$

$N(t)$ は累積採用者数の時点 t での数を示す変数

m は潜在的に想定される採用者数上限を決定する

バスの普及モデルは，広告等のマスメディア・チャンネルの影響係数 a と口コミ等の対人チャンネルの影響係数 b で記述される。

ロジャーズ[2]は「フランク・バスはマーケティングという普及研究分野に適合した普及モデルを作ることにより，この分野での普及研究を著しく推進した。バス・モデルでの二つの主要な予測変数は，二種類のコミュニケーション・チャンネルに対応しているのである。」とバスの普及モデルの貢献を述べている。一方，2つの係数 a，b はある普及過程では均一（変化しない）として扱われている。これはバスの普及モデルはマクロ視点で構成されており，ミクロ視点（普及過程でパラメータ係数が変化する）は未考慮である。モデルがシンプルであることは重要であるが，ミクロ視点を考慮していないという限界がある。

## 第2節　普及過程の情報ネットワークの不均一性

バスの普及モデルの限界に対して，鷲田祐一ら (2015, 2008)によって，「普及過程を支える情報伝播の構造的な特徴をミクロ視点で理解する」という研究が実施された。鷲田の先行研究[3),4)]を引用して次から述べる。鷲田によると，第 1 に「普及ネットワークは不均一」，第 2 に「普及過程が不均一かどうかを測る有効な手段として計測するクラスタ係数は変化する」，第 3 に「異なる情報伝播パターンによる価値転換現象の発生の可能性」の仮説を設定し，これらの仮説を検証している。仮説検証の結果，第 1 の仮説の「普及ネットワーク

は不均一である」は支持され，第2の仮説の「クラスタ係数は変化する」も支持され，第3の仮説の「普及過程には異なる情報伝播パターンが存在し価値転換現象の発生の可能性」も支持された。それぞれの結果を次に述べる。第1に，普及過程におけるネットワークは不均一であった。普及過程のユーザ分類は6層に分類されている。普及初期の第1層，第2層，第3層の層内や層間では繋がりが強く，普及の中ほどでは平均的，そして普及の後半に向かうにしたがって繋がりが弱くなっていることが読み取れている。第2に，普及過程の途中で，情報伝播のパターンが変化していることが示唆されている。第1層や第2層では人々の繋がり方が，「星型ネットワーク」，つまりある人の友人同士が繋がっていない構造が多いといえる。「星型ネットワーク」では，個々の人同士が1対1でコミュニケートすることが多いと推察される。いっぽう，第3層以降では人々の繋がり方が「三角閉包ネットワーク」，つまりある人の友人同士も繋がっている構造が多いと考えられる。このようなネットワークでは，情報は個々の人同士というよりも，ネットワーク全体で，まるで回覧するように伝播するようになる。第3に，普及過程には異なる情報伝播パターンが共存していることが示唆された。普及前半では「情報ハブ」的伝播の傾向がみられ，中後半ではスモールワールド的な情報伝播が主になっているのではないかということが示されている。以上のように，鷲田の先行研究 [3),4)] を引用して述べた。

　これらの研究により，普及過程を支える情報伝播の構造的な特徴がミクロ視点で明らかになり普及研究に大きなインパクトを与えた。しかし，鷲田の先行研究はミクロ視点で実施されており，バスのマクロ視点での先行研究の限界を超えているものの，ミクロ視点で扱う対象が情報伝播ネットワークのみとなっているという限界がある。

## 第3節 先行研究の限界

　本書では先行研究での限界に対して，先行研究で考慮されていない情報伝播ネットワーク以外の要素を考慮する。図2-2に示すように先行研究では情報ネットワークは不均一であることが明らかにされている。しかし，情報ネットワークが接続されるエージェントである消費者の不均一性は考慮されておらず，複雑な普及現象も再現できない。一方，本書では消費者行動の不均一性を考慮する。すなわち，普及過程において，情報ネットワークに加えて，そのネットワークに接続される消費者の消費者行動についても普及過程で変化するということを考慮する。

　これにより，消費者行動の不均一性を考慮すると複雑な普及現象を再現できるのではないかという仮説を設定し検証をすすめていく。

| | 先行研究 | 本書 |
|---|---|---|
| ● エージェント<br>— 情報ネットワーク | 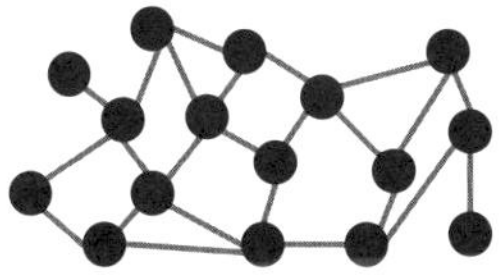 | 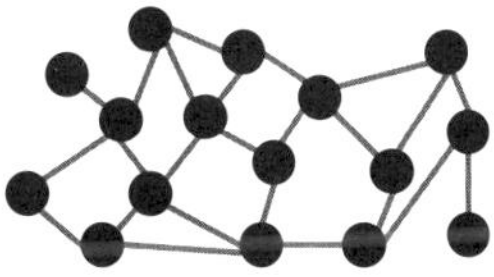 |
| — 情報ネットワーク<br>の不均一性 |  普及過程で変化 |  普及過程で変化 |
| ● 消費者行動<br>の不均一性 | 考慮していない |  普及過程で変化 |
| 複雑な普及現象の<br>再現 | できない | できる（仮説） |

図 2-2　先行研究との比較

　図2-3に普及過程において，情報ネットワークと消費者行動が変化してい

く様子を先行研究と本書を比較して示している。

　先行研究では，消費者であるエージェントを接続する情報ネットワークが普及過程のすすむ下段にいくにしたがって線の色が変化し，情報ネットワークが変化していることが分かる。

　一方，本書では，消費者であるエージェントを接続する情報ネットワークに加えて消費者行動そのものも普及過程がすすむ下段にいくにしたがって線の色と丸の色が変化し，情報ネットワークと消費者行動の両方が変化していることが分かる。

　このように，情報ネットワークと消費者行動の両方が変化することを考慮することで，例えば，キャズムとよばれる普及初期に普及が減速するような複雑な普及現象の再現ができるのではないかという仮説を設定した。

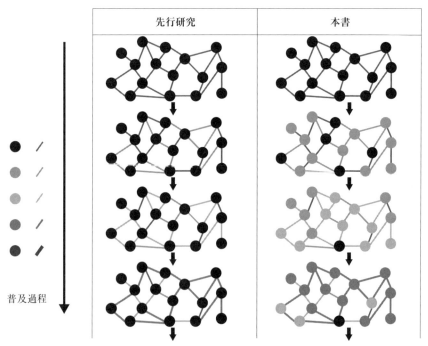

図 2-3　先行研究と普及過程の比較

## 第4節  仮説と目的

先行研究では普及過程において情報ネットワークの不均一性が考慮されているが，情報ネットワーク以外の消費者行動の不均一性は考慮されていない。

本書の仮説について述べる。本書では先行研究で考慮されていない消費者行動の不均一性に着目し，"消費者行動の不均一性を考慮すると複雑な普及現象を再現できるのではないか"という仮説を設定した。複雑な普及現象とは，例えばキャズムとよばれる普及初期に普及が減速するような普及現象である。

消費者行動の不均一性の考慮について述べる。先行研究では普及過程において情報ネットワークの不均一性が考慮されている。実社会の消費者が情報ネットワークで繋がっており，情報ネットワークの不均一性とは，普及初期においては情報ネットワークはあまり機能せず，普及中期から後期においては情報ネットワークがより機能して，情報がより拡散しやすく普及が加速する。このように普及過程において情報ネットワークの機能しやすさが変化することが先行研究で示されている。一方で，情報ネットワークが接続される消費者による消費者行動は先行研究では普及過程で変化しない。そこで，本書では，"普及過程の消費者行動は不均一である"というベースの仮説を設定した。これはすなわち，普及過程において消費者行動は変化するという仮説である。本書ではまずこのベースの仮説を検証する。

仮説検証を実施し，ベースの仮説の"普及過程の消費者行動は不均一である"が支持されたら，"消費者行動の不均一性を考慮すると複雑な普及現象を再現できるのではないか"という仮説をモデル化とシミュレーションを通じて検証する。新しいモノ好きに代表される普及初期に新商品，サービスを採用する消費者集団があり，普及中期ではすぐには新しいモノへ飛びつかない消費者集団があるとすると，消費者行動の不均一性は普及が進むにつれて減速する。一方，先行研究で示されている情報ネットワークの不均一性は普及が進むにつ

れて加速される。この2つの特性を考慮すると，普及初期には新しいモノ好きに代表される消費者集団が普及を牽引するが普及がすこし進むとその消費者集団が減ってくるので普及が減速する。普及が減速した後，情報ネットワークの不均一性により，普及が加速されはじめるので再び普及が加速する。この結果，キャズムと呼ばれる複雑な普及現象が再現できるのではないかという想定により，"消費者行動の不均一性を考慮すると複雑な普及現象を再現できるのではないか"という仮説を設定した。

　本書では，仮説検証による複雑な普及現象の再現を通じて，プロダクト・イノベーションの普及構造を明らかにすることを目的とする。この目的を実現するために，普及を構成する要素のモデル化，それらのモデルを用いたシミュレーション，モデルとシミュレーション妥当性検証をサブ目的とする。

　プロダクト・イノベーションの普及構造を明らかにするという目的に対して3つのサブ目的を設定した。

　第1のサブ目的は，プロダクト・イノベーションの普及構造を構成する要素をモデル化することである。このモデル化にあたり，仮説の"普及過程の消費者行動は不均一である"が支持されればモデル化に反映をする。先行研究で明らかにされている情報ネットワークの不均一性もモデル化に反映する。

　第2のサブ目的は，モデルを用いて普及をシミュレーションし普及現象を再現することである。再現する普及現象にはキャズムと呼ばれる複雑な普及現象も含める。再現された普及現象を考察し普及構造を明らかにする。

　第3のサブ目的は，シミュレーション結果の妥当性検証である。得られたシミュレーション結果の傾向と実社会の普及現象の傾向の一致検証を実施する。

　最後に，本書を通じて得られた結果について，社会への貢献と応用，展開の例を述べる。

**注）**

1）Bass, Frank M. (1969) "A New Product Growth for Model Consumer Durables," *Management Science*, Vol. 15, 215-227.

2）エベレット・ロジャーズ，三藤利雄訳（2007）『イノベーションの普及』翔泳社

3）鷲田祐一（2015）『イノベーションの誤解』日本経済新聞出版社

4）鷲田祐一・植田一博（2008）「イノベーション・アイデアを発生させる需要側ネットワーク伝播構造の研究」『情報処理学会論文誌』Vol. 49 No4，1515-1526

# 第2部

## プロダクト・イノベーション の普及構造

# 3 仮説検証（アンケート調査）

　本章では，図3-1に示すStep1の消費者行動の不均一性について述べる。本章は難波和秀（2016）[1]を引用，ベースとして，大幅に加筆，修正したものである。

　Step1では仮説検証を実施する。本書の仮説のベースとなる"普及過程の消費者行動は不均一である"という仮説についてアンケート調査を用いて検証する。

　第1節ではアンケート概要について，第2節ではアンケート結果（予備調査）について，第3節ではアンケート結果（本調査）について，第4節では仮説検証結果について述べる。

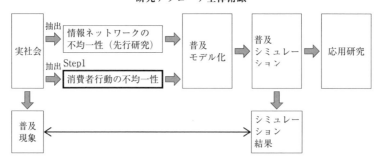

図3-1　研究アプローチStep1

第3章　仮説検証（アンケート調査）

| 第1節 | アンケート概要 |

　アンケート調査を用いて「普及過程の消費者行動は不均一である（ベースの仮説）」，「不均一であれば，どの消費者行動が不均一であるか？」を検証する。アンケートは 2015 年 7 月に東京都内の 20～30 代の男女を対象とした。消費者属性としての利用開始の早さを説明変数とし，それ以外の影響を最小化するために対象は絞り，調査数は 21 人とした。調査として，予備調査と本調査を実施した。予備調査の目的は，Facebook 使用開始年を調べ，調査対象者が新商品・サービスを利用開始する早さを把握することである。本調査では，一般的な消費者行動を含む図 3-2 の図の左の消費者意思決定過程モデル（2015）[2]に対応する各質問を設定し実施した。

　予備調査として，"初めて Facebook 登録したのは何年ですか？"と質問し回答を得ることで調査対象者の新商品・サービスの利用開始する早さを把握する。その上で本調査を実施する。

　本調査では図 3-2 右の仮想商品・サービス概要を調査対象者へ提示する。仮想商品・サービスとして遠方とのコミュニケーションができるコミュニケーションロボットを設定した。遠方から音声，画像を通じてコミュニケーションが可能で，簡単なしぐさも可能とした。想定するケースとしては，結婚式の 2 次会へ遠方から参加するケース，入院者とのコミュニケーションに利用するケースなどを想定している。本調査の質問は，消費者意思決定過程モデルに対応する質問としている。消費者意思決定過程モデルでは次のようなモデルとなっている [2]。（1）刺激，知覚，記憶，（2）ニーズ認知，（3）探索，（4）購入，（5）消費，（6）消費後評価，行動のそれぞれのプロセスを経るモデルとなっている。それぞれのプロセスには個人的差異があると述べられている。（2）ニーズ認知に対応する質問として，"この商品・サービスはあなたの困っていることを解決してくれますか？"を設定した。（3）探索に対応する質問として，"この商品・サービスをもう少し自分で調査してみたいですか？"を設定した。

35

(4) 購入に対応する質問として，"この商品・サービスを購入したいですか？"を設定した。(6) 消費後評価，行動に対応する質問として，"この商品・サービスをあなたの友人へすすめますか？" と "この商品・サービスを友人からすすめられたら，どれくらい受け入れますか？"を設定した。これらの質問に対する回答を得ることで，対象者の消費者意思決定モデルのどの過程での消費者行動が予備調査での新商品・サービスの利用開始する早さと関係があるかを明らかにする。

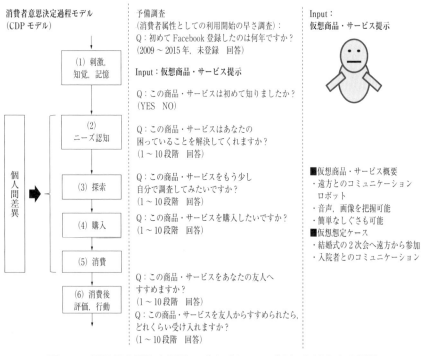

**図 3-2　消費者意思決定過程モデル（CDP モデル）と対応する質問**
出所) 田中 (2015) を基に筆者作成

アンケート調査内容を表 3-1 に示す。仮想の商品・サービス概要説明，予備調査，本調査の内容をそれぞれ示している。予備調査の質問に対する回答の

選択肢としては，2009〜2015年を1年毎に選択肢として設定し，未登録者の選択肢も設定した。本調査の質問に対する回答の選択肢としては，1〜10の10段階の選択肢とした。

表3-1　新商品・サービスの価値に関するアンケート

| ［仮想の商品・サービス概要説明］ |
|---|
| ■仮想商品・サービス概要<br>・遠方とのコミュニケーションロボット<br>・音声，画像を把握可能<br>・簡単なしぐさも可能 |
| ■仮想想定ケース<br>・結婚式の2次会へ遠方から参加<br>・入院者とのコミュニケーション |
| ［予備調査］ |
| Q：初めてFacebook登録したのは何年ですか？<br><br>　2009　　　2010　　　2011　　　2012　　　2013　　　2014　　　2015　　　未登録 |
| ［本調査］ |
| Q：この商品・サービスは初めて知りましたか？<br><br>　Yes　　　No |
| Q：この商品・サービスはあなたの困っていることを解決してくれますか？<br><br>　←解決しない　　　　　　　　　　　　　　　　　　解決してくれる→<br>　1　　　2　　　3　　　4　　　5　　　6　　　7　　　8　　　9　　　10 |
| Q：この商品・サービスをもう少し自分で調査してみたいですか？<br><br>　←調査しない　　　　　　　　　　　　　　　　　　調査してみたい→<br>　1　　　2　　　3　　　4　　　5　　　6　　　7　　　8　　　9　　　10 |
| Q：この商品・サービスを購入したいですか？<br><br>　←購入しない　　　　　　　　　　　　　　　　　　購入してみたい→<br>　1　　　2　　　3　　　4　　　5　　　6　　　7　　　8　　　9　　　10 |
| Q：この商品・サービスをあなたの友人へすすめますか？<br><br>　←すすめない　　　　　　　　　　　　　　　　　　　すすめる→<br>　1　　　2　　　3　　　4　　　5　　　6　　　7　　　8　　　9　　　10 |
| Q：この商品・サービスを友人からすすめられたら，どれくらい受け入れますか？<br><br>　←受け入れない　　　　　　　　　　　　　　　　　　受け入れる→<br>　1　　　2　　　3　　　4　　　5　　　6　　　7　　　8　　　9　　　10 |

## 第2節　アンケート結果（予備調査）

　アンケート調査結果としてまず予備調査結果を示す。消費者属性としての利用開始の早さ調査のための予備調査の質問として「Q：初めてFacebook登録したのは何年ですか？（2009〜2015年，未登録　回答）」に対する結果は図3-3のようになった。この図から，2012年をピークに正規分布をイメージする分布となり，これにより，消費者属性としての利用開始の早さを網羅したサンプルが取得できている。集計時はシグマ値法を用い，2009年を10点，2014年を2.2点，未登録を0点と，利用開始が早いほど高得点となるように0〜10点で規格化した。この予備調査の結果，対象者の消費者属性としての利用開始の早さを把握することができたと考えられる。

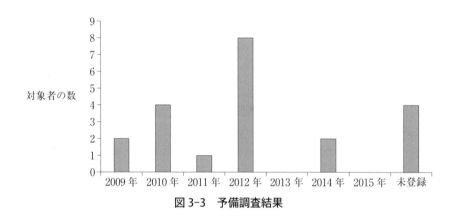

**図3-3　予備調査結果**

　同じ対象者が別の商品・サービスでも消費者属性としての利用開始の早さに同じ傾向があるかを追加の予備調査で検証した。対象商品・サービスはFacebookというソフトウエア，Web関連の商品・サービスに対して，スマートフォンというハードウエアの要素も含まれる商品・サービスとした。この予備調査結果を図3-4に示す。消費者属性としての利用開始の早さ調査のための予備調査の質問として「Q：初めてスマートフォンを購入したのは何年ですか？

(2009～2015年，未登録　回答)」に対する結果は図3-4左のようになった。この図から，2010年をピークに正規分布をイメージする分布となり，これにより，消費者属性としての利用開始の早さを網羅したサンプルが取得できている。集計時はシグマ値法を用い，2009年を10点，2014年を2.2点，未登録を0点と，利用開始が早いほど高得点となるように0～10点で規格化した。このスマートフォンを対象とした予備調査の結果と前述したFacebookを対象とした予備調査の結果との相関を図3-4右に示す。Facebook登録の早さとスマートフォン購入の早さは相関の傾向があることが分かった。Facebookとスマートフォンの2つの予備調査から対象者の消費者属性としての利用開始の早さを把握することができた。

| [予備調査] |
| --- |
| Q：初めてスマートフォンを購入したのは何年ですか？ |
| 　2009　　2010　　2011　　2012　　2013　　2014　　2015　　　未購入 |

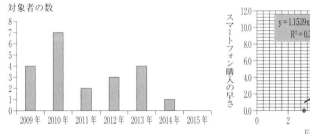
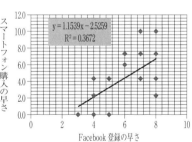

図3-4　予備調査結果（スマートフォン）

# 第3節　アンケート結果（本調査）

　予備調査で消費者属性としての利用開始の早さを把握できたので，本調査結果を示す。"消費者属性としての利用開始の早さ"と"解決される課題の大き

さ"を説明変数として，各消費者行動の重回帰式の精度（寄与率）は図3-5のようになった。

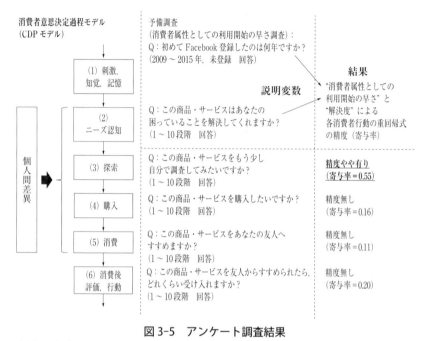

**図3-5　アンケート調査結果**
出所）田中（2015）を基に筆者作成

"Q：この商品・サービスをもう少し自分で調査してみたいですか"の質問に対しては，寄与率は0.55となり，やや精度有りの結果となった。
"Q：この商品・サービスを購入したいですか？"の質問に対しては，寄与率は0.16となり，精度無しの結果となった。
"Q：この商品・サービスをあなたの友人へすすめますか？"の質問に対しては，寄与率は0.11となり，精度無しの結果となった。
"Q：この商品・サービスを友人からすすめられたら，どれくらい受け入れますか？"の質問に対しては，寄与率は0.20となり，精度無しの結果となった。
　これらの結果から，調査する度合いに対してのみやや精度の有る結果が得ら

れた。得られた重回帰式を次に示す。

（調査する度合い）＝ 0.6 ×（解決される課題の大きさ）
　　　　　　　　＋ 0.2 ×（消費者属性としての利用開始の早さ）＋ 0.7

この重回帰式はシグマ値法により 0～10 に規格化している。自由度調整済み寄与度は 0.50（調整前寄与度＝0.55）であり，やや精度の有る結果となった。図 3-6 にアンケート調査結果と得られた重回帰式による予想の相関を示す。

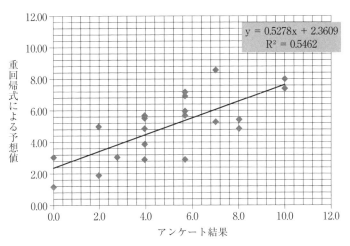

図 3-6　アンケート調査結果と得られた重回帰式による予想の相関

# 第 4 節　仮説検証結果

「普及過程の消費者行動は不均一である」という仮説の検証結果は，限定したカテゴライズ（2015 年 7 月の都内の 20～30 代男女）の対象者ではあるが，やや精度（寄与度 0.50）のある重回帰式が明らかになった。これにより，調査するという消費者行動は消費者属性としての利用開始の早さの関数のため，

普及過程の消費者行動は不均一であるという仮説は支持された。

「不均一であれば，どの消費者行動が不均一であるか？」についての検証結果は，調査するという消費者行動が不均一に該当した。購入するという消費者行動は精度が得られなかった。友人へすすめるという消費者行動は精度が得られなかった。調査後，購入判断や友人へすすめるなどの消費者行動になることから，アンケート時点では購入と友人へすすめるに精度が得られなかったと考えられる。

不均一な消費者行動へ影響しているパラメータとの影響度について，「解決される課題の大きさ」と「消費者属性としての利用開始の早さ」が約3：1で影響している。

明らかになった重回帰式からの考察として，解決される課題の大きさを高めることは有効である。利用開始の早い消費者により，調査の消費者行動が高まるが，利用開始の遅い消費者になると，調査の消費者行動は減速する傾向を示している。これはアーリーアダプターへの普及はスムーズにいくが，アーリーマジョリティになると普及が減速するキャズム現象を示唆している可能性はある。利用開始が遅い消費者層においても調査の消費者行動へつなげるために，解決される課題の大きさを保つことが必要である。これはターゲットユーザを絞り，ニッチ市場へフォーカスすることで，ターゲットユーザにとっての解決される課題をより大きくすることで実現できる可能性が考えられる。

今回の調査の限界としては，限定された対象者，カテゴリに対する少量のアンケート調査での重回帰分析であることである。


注）
1）難波和秀（2016）「プロダクト・イノベーション普及に関する一考察」『産業経済研究』第16号，84-96
2）田中洋（2015）『消費者行動論』中央経済社

# 4 普及のモデル化

　本章では図 4-1 に示す Step2 の普及のモデル化について述べる。シミュレーションとの親和性のよい普及のモデル化を行った。本章は難波（2017）[1]を引用，ベースとして，大幅に加筆，修正したものである。

　Step2 では普及のモデル化を実施する。普及のモデル化は先行研究の情報ネットワークの不均一性と，本書の仮説検証の結果から得られる消費者行動の不均一性の両方の不均一性を反映したモデルとする。両方の不均一性を反映した消費者の調査行動のモデル化，調査行動のモデルを用いた消費者行動のモデル化をそれぞれ実施し，更に消費者行動のモデルを用いたエージェント相互作用のモデル化を実施してより実社会に近いモデル化を行い，普及シミュレーションを利用しやすくする。

　第 1 節では Investigation モデルについて，第 2 節では消費者行動モデルについて，第 3 節ではエージェント相互作用モデルについて述べる。

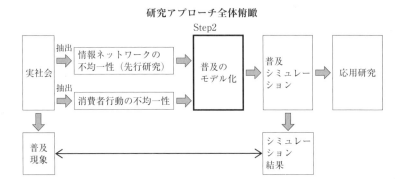

Step0：先行研究調査と限界の明確化
Step1：消費者行動の不均一性アンケート調査
**Step2：普及のモデル化**
Step3：普及シミュレーション
Step4：普及シミュレーション結果と実社会普及現象の傾向一致検証
Step5：応用研究

図 4-1　研究アプローチ　Step2

## 第1節　Investigation モデル

　前章のアンケート調査により，調査するという消費者行動は解決される課題の大きさと消費者属性としての利用開始の早さの説明変数で表現できることが明らかになった。消費者属性としての利用開始の早さは消費者行動が普及過程で変化するという消費者行動の不均一性を表していることが分かる。得られた重回帰式を次に示し，考察を実施する。

$$(調査する度合い) = 0.6 \times (解決される課題の大きさ) + 0.2 \times (消費者属性としての利用開始の早さ) + 0.7$$

　得られた重回帰式が示す 0.6×（解決される課題の大きさ）は商品，サービスから得られる便益を表している。商品，サービスを利用する消費者にとって，

その商品，サービスを利用することでその消費者がもっている課題が解決される。この課題の解決が商品，サービスが提供する便益となる。解決される課題が大きいと調査する度合いが大きくなるということが重回帰式から示された。

　得られた重回帰式が示す 0.2 ×（消費者属性としての利用開始の早さ）は消費者の消費者行動である内的影響を表している。消費者属性としての利用開始の早さが大きいと調査する度合いが大きくなることが重回帰式から示された。

　得られた重回帰式が示す 0.7 の定数部分を考察する。考察のために，定数部分以外の影響が無い状態を考える。定数以外の影響が無い状態とは，（解決される課題の大きさ）＝ 0 及び（消費者属性としての利用開始の早さ）＝ 0 となる。（解決される課題の大きさ）＝ 0 とは，対象の消費者にとって解決される課題の大きさは存在せず商品，サービスの価値が無い状態を示している。（消費者属性としての利用開始の早さ）＝ 0 とは，対象の消費者は最も遅く対象の商品・サービスを購入する状態を示している。すなわち，消費者への普及の分類の「イノベーター」「アーリーアダプター」「アーリーマジョリティ」「レイトマジョリティ」「ラガード」の中のラガードの一番遅い対象者を表している。この状態は商品・サービスを購入しないと近似することもできる。このような定数以外の影響が無い状態を得られた重回帰式へ反映すると，

（調査する度合い）＝ 0.6 × 0 ＋ 0.2 × 0 ＋ 0.7 ＝ 0.7

となり，（調査する度合い）は 0.7 の有限の値を持つことになる。この状態は，対象の消費者にとって解決される課題の大きさは存在せず価値が無い状態，かつ対象の消費者は最も遅く対象の商品・サービスを購入する（近似的には購入しない）状態にもかかわらず調査するという消費者行動をすることになる。この状態の時に，調査するという消費者行動を発生させているのは，消費者にとって解決される課題の大きさではなく，対象の消費者属性としての利用開始の早さ以外の要素であり，情報ネットワークの外的影響と考えられる。外的影響

とは他者からの口コミによる影響などが考えられる。対象の消費者固有の（解決される課題の大きさ）と（消費者属性としての利用開始の早さ）の内的影響の他に，外的影響が調査するという消費者行動を発生させていると考えられる。

　従って，モデル化にはこの内的影響と外的影響の両方を反映させる必要がある。得られた重回帰式には内的影響と外的影響の両方の要素が反映されているためこれらをそのまま一般化すればよいと考えられるが，内的影響と外的影響それぞれに消費者行動の不均一性が反映されるかを考慮する必要がある。

　内的影響については，得られた重回帰式が（消費者属性としての利用開始の早さ）の変数のため消費者行動の不均一性が表現されている。重回帰式では規格化された 0〜10 の値いずれも取り得るが，後述する外的影響を 6 層で表現するため，内的影響についても 6 層で表現し，$Q_0(n)$ とした。n は商品普及過程を時系列で 6 分割した場合の n 番目（第 n 層）の普及期を示している。

　一方，外的影響については 0.7 の固定値のため外的影響の不均一性が表現されていない。先行研究[2]で情報ネットワークに代表される外的影響については，不均一性があることが明らかにされているため，外的影響も商品普及過程において不均一性を考慮する。情報ネットワークの不均一性が示されており，普及の分類を 6 層に分類していることから，外的影響については 6 層で表現し，$Q_1(n)$ とした。

　これまでの考察を反映した Investigation モデルとそのパラメータについて図 4-2 に示す。

$$\text{Investigation}(n) = a \times P + \sum_{i=0}^{1} (b_i \times Q_i(n))$$

**図 4-2　Investigation モデル**

■消費者調査行動度

Investigation（n）：調査する度合い（1〜10）

第4章 普及のモデル化

■解決される課題度

a：課題係数

P：解決される課題の大きさ（1～10）

■内的影響度

$b_0$：利用開始早さ係数

$Q_0(n)$：消費者属性としての利用開始の早さ（1～10）（n＝1～6の6層の変数）

■外的影響度

$b_1$：影響受容係数

$Q_1(n)$：情報ネットワークも考慮した影響受容度（1～10）（n＝1～6の6層の変数）

■各係数の関係

$a＋b_0＋b_1＝1$

■普及層

n：商品普及過程を時系列で6分割した場合のn番目（第n層）の普及期（図4-3）

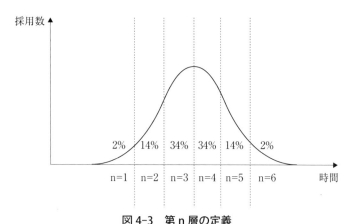

**図 4-3　第 n 層の定義**
出所）ロジャーズ（2007）[3] を基に筆者作成

Investigation モデルのそれぞれの項について次から詳細に説明する。

$$\text{Investigation}(n) = a \times P + \sum_{i=0}^{1}(b_i \times Q_i(n))$$

このモデルの最終出力は消費者の調査する度合い Investigation であり，値の範囲は 1〜10 であり，普及層 n の関数となる。普及層 n の関数となっていることが特徴である。Investigation は $a \times P$，$\Sigma\, b \times Q$ の 2 項で表現される。第 1 項の $a \times P$ は解決される課題の大きさを示しており，第 2 項の $\Sigma\, b \times Q$ は普及層 n の関数である消費者の影響を示している。このモデルは大きくこの 2 項に分解される。

更に第 2 項目の $\Sigma\, b \times Q$ を展開すると次のようになる。

$$\text{Investigation}(n) = a \times P + {}_7b_0 \times Q_0(n) + b_1 \times Q_1(n)$$

$i = 0$ の項の $b_0 \times Q_0(n)$ は消費者の内的影響を示している。この項は普及層 n の関数となっており，本研究で明らかになった消費者行動の不均一性を示している。

$i = 1$ の項の $b_1 \times Q_1(n)$ は消費者の外的影響を示している。この項は普及層 $n$ の関数となっており，先行研究で明らかになっている情報ネットワークの不均一性を示している。

モデルの各項の係数 $a$，$b_0$，$b_1$ は（$a + b_0 + b_1 = 1$）の関係をもつ。この関係により，各項は $1 \sim 10$ の値をもつため，最終的な出力の Investigation は規格化される。

モデルの各項の係数 $a$，$b_0$，$b_1$ はさまざまな対象商品・サービス，対象市場により取る値が異なってくると想定される。例えば，インターネットに親和性の高い商品・サービスの場合外的影響が高いと考えられ，$b_0$ に対して，$b_1$ は大きい値となることが考えられる。一方，規制が厳しい分野の商品，サービス，市場については，内的影響，外的影響が小さく，解決される課題の大きさを原動力に規制をいかに乗り越えるか，緩和するかが影響すると考えられる。

デフォルト値としては，本研究で得られた $a = 0.6$，$b_0 = 0.2$ とし，それに合わせて $b_1 = 0.2$ とした。もちろんこの値は調整しながら利用されることが前提となっている。

## 第2節 消費者行動モデル

前節でコアモデルとなる消費者の調査する消費者行動を表す Investigation モデルを述べた。この Investigation モデルは普及過程における情報ネットワークと消費者行動の両方の不均一性を反映することができている。この Investigation モデルを適用した規格化された消費者行動モデルを図 4-4 に示す。Investigation モデルの入力は解決される課題の大きさ $P$ である。Investigation モデルの出力は調査する度合いを表す Investigation 値となる。Investigation モデルへ影響する不均一性を表すパラメータは $Q_0[n]$，$Q_1[n]$ となる。Investigation モデルから出力された Investigation 値は，次の購入判断の入力となる。購入判断の出力は購入または未購入の結果である。購入判断へ影響を与えるパ

ラメータは購入しきい値 Bth となる。購入判断の処理は，入力された Investigation 値が購入しきい値 Bth より大きければ購入の結果となり，Investigation 値が購入しきい値 Bth より小さければ未購入の結果となる。

　消費者行動モデルの特徴としては，普及過程の不均一性を表すパラメータとして消費者行動の不均一性に対応する $Q_0[n]$，情報ネットワークの不均一性に対応する $Q_1[n]$ が不均一性を表すパラメータとして影響することである。この不均一パラメータの影響により複雑な普及現象を再現できる可能性のある消費者行動のモデルとなっている。

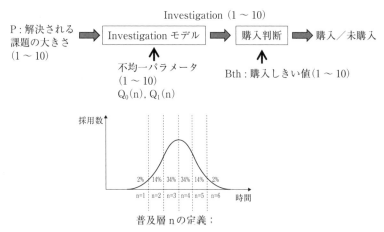

図 4-4　Investigation モデルを組込んだ消費者行動モデル

## 第3節　エージェント相互作用モデル

　前節で述べた消費者行動モデルは 1 人の消費者であるエージェントに対して，入出力のモデルとなっている。実世界は多数のエージェントで構成されているので，エージェント間の相互作用をモデル化する必要がある。本書では，エクセルを用いたシミュレーションに適したエージェント相互作用モデルを示す。図 4-5 に M カ月後と M＋1 カ月後のエージェントの接触モデルを示す。

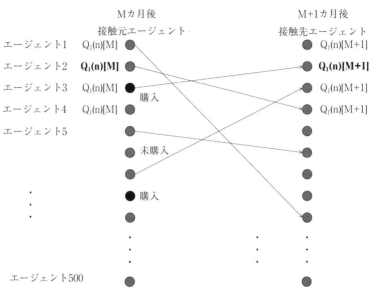

図4-5　Mカ月後とM+1カ月後のエージェント相互作用接触モデル

　Mカ月後の接触元エージェントがM＋1カ月後には1人の接触先エージェントにランダムに接触するモデルとする。接触されたエージェントは外的影響度である影響受容度 $Q_1(n)$ が上昇する。この式を次に示す。

$$\{_1Q_1(n)\}[M+1] = \{_1Q_1(n)\}[M] + \{_1Q_1(n)\}[M] \times e$$

　eは影響伝播係数（0～1）を表す。影響伝播係数eは接触先エージェントがMカ月時にもっていた影響受容度が，接触元エージェントに接触されることで増加する増加度合いを決める係数である。接触元エージェントによる影響が全くない場合がe＝0で，接触元エージェントによる影響が大きい場合は，元々Mカ月時にもっていいた影響受容度が同じだけ加算される想定としe＝1を最大とし，eは0～1の範囲の値をとる。
　エージェントが元々もっている影響受容度が情報ネットワークの不均一性をもっているため，接触による元々もっている影響受容度をe倍して加算するこ

とで情報ネットワークの不均一性は維持される。

　このようなエージェント相互モデルにすることで，エクセルの乱数機能を用いて簡易にシミュレーション環境を構築することができる。

**注)**

1) 難波和秀（2017）「新規商品・サービスのマーケティングの為の普及現象の構造化」『関西ベンチャー学会誌』Vol. 9, 2017年3月
2) 鷲田祐一（2015）『イノベーションの誤解』日本経済新聞出版社
3) エベレット・ロジャーズ，三藤利雄訳（2007）『イノベーションの普及』翔泳社

# 5 シミュレーション

　本章では図 5-1 に示す Step3 のシミュレーションについて述べる。普及の
モデルを用いてシミュレーションを実施する。本章は難波（2017）[1] を引用，
ベースとして，大幅に加筆，修正したものである。

　Step3 ではシミュレーション環境，シミュレーション条件，シミュレーショ
ン結果として，標準設定，先行研究再現，キャズム再現のそれぞれ異なる設定
での異なるシミュレーション結果について説明する。異なるシミュレーション
結果を考察し，普及の構造を明らかにする。

　第 1 節ではシミュレーション環境，第 2 節ではシミュレーション条件，第
3 節ではシミュレーション結果一覧，第 4 節ではシミュレーション結果（標準
設定），第 5 節ではシミュレーション結果（先行研究再現設定），第 6 節では
シミュレーション結果（キャズム再現設定），第 7 節ではプロダクト・イノベ
ーションの普及の構造についてそれぞれ説明する。

# 第2部 プロダクト・イノベーションの普及構造

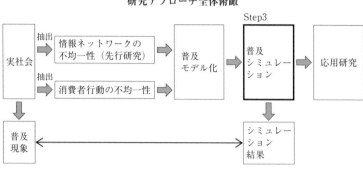

Step0：先行研究調査と限界の明確化
Step1：消費者行動の不均一性アンケート調査
Step2：普及のモデル化
**Step3：普及シミュレーション**
Step4：普及シミュレーション結果と実社会普及現象の傾向一致検証
Step5：応用研究

**図 5-1　研究アプローチ　Step3**

## 第1節　シミュレーション環境

　那須清吾（2015）[2)]は「文理統合による社会シミュレーション　個別科学を統合することで，現象を再現出来ることを示し，個別の科学では発見できない現象の帰結或いは課題を特定する。または，解決方法を導出。」と，個別科学のみでは現象の再現に限界があり，個別科学の統合により現象が再現できることを示せる文理統合の社会シミュレーションの重要性を指摘している。

　本書においても，消費者行動論，情報ネットワーク論，イノベーション論などの個別科学が統合された普及という社会現象を対象としており，文理統合の社会シミュレーションが有効と考えられる。

　前章で述べたモデルを用いてシミュレーションを実行する場合の環境について考察する。マルチエージェントシミュレーションのソフトウエアを用いてシミュレーションすることが1つの候補である。山影進（2007）[3)]は「マルチエ

ージェント・シミュレーションが社会現象の分析に広範囲に使われるようになるには，私たちは次のことをめざしています。

・参考になる具体的な適用事例を示す
・プログラミング言語やプログラム技法を学ぶ必要をなくす
・社会科学の一方法として学界に認めさせる
・マルチエージェント・シミュレーションを学べる機会を増やす

上のようなことを実現するには，何よりマルチエージェント・シミュレーションを簡単に実行できるソフトウエアが必要です。」とマルチエージェントシミュレーションが広範囲に使われるためには簡単に実行できる環境の重要性を指摘している。

簡単に実行できる環境としてはエクセルが広く普及し，表計算ソフトの事実上のデファクトスタンダードとなっている。マルチエージェントシミュレーションのソフトウエアは，高額であり，手軽に利用できる環境とはいえない。一方，エクセルは広く一般に利用されており，簡易にシミュレーションを導入することができる。表5-1にシミュレーション環境の比較を示す。マルチエージェントシミュレータはダイナミックに変化する社会などを，エージェントのルールを定義し人工的な社会を実現することで再現する手法である。普及のモデルからエージェントのルールを定義することで実現できる可能性があるが，高価であることとシミュレータの普及がエクセルほどではないという課題がある。一方，エクセルによるシミュレーションは，エクセルが広く普及しており簡易に安価に実施できるメリットがある。

本書では，手軽に導入できることによる社会へのインパクトも重視し，エクセルでのシミュレーションを選択した。

第 **2** 部　プロダクト・イノベーションの普及構造

表 5-1　シミュレーション環境比較

| シミュレータ | | 概　　要 | 価　格 | 普及度 | 使いやすさ | 変更容易性 |
|---|---|---|---|---|---|---|
| マルチエージェントシミュレータ | K 社 | ダイナミックに変化する社会などを，エージェントのルールを定義し人工的な社会を実現 | ×（約 50 万円） | × | 〇 | △ |
| エクセル | M 社 | エクセルを用いシミュレーションを実行　簡易に実施できる点がメリット | 〇（PC 付属） | ◎ | △ | 〇 |

---

第 2 節　シミュレーション条件

　本節ではシミュレーションで設定する，使用モデル，パラメータ，不均一性パラメータ，シミュレーション条件のそれぞれについて述べる。

　シミュレーションに使用するモデルは前章で述べた Investigation モデルをコアとしている。前章では消費者行動の不均一性を Investigation モデルへ反映した。この Investigation モデルを用いて，調査するという消費者行動の出力があるしきい値を超えた場合，購入に至る消費者行動モデルを構成した。更に，1 人の消費者ではなく実世界を反映した多数の消費者を表現するためにエージェント相互作用モデルを構成した。このように Investigation モデルをコアとして構成されたエージェント相互作用モデルを用いて，シミュレーションを実施する。

　シミュレーションに使用される各パラメータの情報を表 5-2 に示す。Investigation モデル，消費者行動モデル，エージェント相互作用モデルのそれぞれに関連するパラメータを記載している。Investigation モデルに関連するパラメータとして，解決される課題の大きさ P は商品・サービスが提供する便益を表し，課題係数 a は商品・サービスが提供する便益に係る係数を表している。利用開始早さ係数 $b_0$ は消費者行動の不均一性に係る係数を表している。影響

56

受容係数 $b_1$ は情報ネットワークの不均一性に係る係数を表している。消費者
行動モデルに関連するパラメータとして，購入しきい値 Bth は消費者が購入す
る場合と購入しない場合の境のしきい値を表している。エージェント相互作用
モデルに関連するパラメータとして，影響伝播係数 e は情報ネットワークから
消費者が受ける影響を表している。それぞれのパラメータの値は $0〜1$，また
は $0〜10$ の値をもつ。デフォルト値は表 5-2 の値となるが，デフォルト値は
変更しながら利用されることを想定している。

表 5-2　使用される各パラメータ情報

| 関連モデル | | 値の範囲 | デフォルト値 |
|---|---|---|---|
| Investigation モデル | a：課題係数 | $0〜1$ | 0.6 |
| | $b_0$：利用開始早さ係数 | $0〜1$ | 0.2 |
| | $b_1$：影響受容係数 | $0〜1$ | 0.2 |
| | P：解決される課題の大きさ（1〜10） | $0〜10$ | 6.0 |
| 消費者行動モデル | Bth：購入しきい値（1〜10） | $0〜10$ | 6.5 |
| エージェント相互作用モデル | e：影響伝播係数 | $0〜1$ | 0.2 |

　不均一性パラメータを表 5-3 に示す。不均一性を表すパラメータとして，
消費者行動の不均一性の $Q_0(n)$ と情報ネットワークの不均一性の $Q_1(n)$ の 2
つが用意されている。これにより，先行研究では表現できていない消費者行動
の不均一性を表現することができる。普及過程の不均一性を表すため，表 5-3
に普及過程を 6 分割した n＝1 から n＝6 までの普及層を設定した。各層は普
及全体の割合［％］で表している。例えば，普及層 n＝1 は普及全体に対して
2.5％の少数であり，普及層 n＝2 は普及全体に対して 13.5％の少数である。
普及層 n＝1 と普及層 n＝2 を合計した場合でも，普及全体に対して 16％の
割合である。全体に対して割合が小さいものの普及現象においては，普及層 n
＝1 と普及層 n＝2 は重要な役割を果たすと想定している。このように普及
層 n＝1 から普及層 n＝6 に設定される消費者行動の不均一性の $Q_0(n)$ は消
費者属性としての利用開始の早さとして 1〜10 の値をとり，表 5-3 に記載さ

れているように，普及層 n＝1 から普及層 n＝6 となるにつれて減少する。情報ネットワークの不均一性の $Q_1(n)$ は情報ネットワークから受ける影響受容度として 1〜10 の値をとり，表 5-3 に記載されているように，普及層 n＝1 から普及層 n＝5 となるにつれて増加し，普及層 n＝6 でやや減少するものの概ね増加の傾向を示す。情報ネットワークの不均一性の $Q_1(n)$ は先行研究[4]のクラスタ係数に応じて設定した。

　シミュレーション条件について述べる。シミュレーション期間は 120 カ月に設定し，エージェント数は 500 人に設定した。初期条件として，1 人のエージェントのみに $Q_0(n)＝20$ を与え早期の購入済みエージェントを設定した。

　これまで述べた使用モデル，パラメータ，不均一性パラメータ，シミュレーション条件の設定でシミュレーションを実行する。シミュレーションにより得られた結果は，月毎の購入者数として集計しグラフ化することで可視化した。基本的にはシミュレーションは 3 回実行し同様の傾向が得られるかを確認する。

表 5-3　$Q_0(n)$ と $Q_1(n)$ の値

| n | | 割合［%］ | $Q_0(n)$：消費者属性としての利用開始の早さ（1〜10） | $Q_1(n)$：影響受容度（1〜10） |
|---|---|---|---|---|
| 1 | 第 1 層 | 2.5 | 10.0 | 3.40 |
| 2 | 第 2 層 | 13.5 | 8.3 | 4.07 |
| 3 | 第 3 層 | 34.0 | 6.7 | 5.33 |
| 4 | 第 4 層 | 34.0 | 5.0 | 5.67 |
| 5 | 第 5 層 | 13.5 | 3.3 | 6.20 |
| 6 | 第 6 層 | 2.5 | 1.7 | 5.34 |

　シミュレーションの Input は解決される課題の大きさ P であり，Output は月毎の購入者数である。シミュレーションのパラメータの中で，対象商品，サービス，市場に依存するパラメータは，課題係数 a，利用開始早さ係数 $b_0$，影響受容係数 $b_1$ である。それぞれのパラメータは $a＋b_0＋b_1＝1$ の関係をもつ。消費者行動・情報ネットワークに依存するパラメータは購入しきい値 Bth，影響伝播係数 e である。これらのパラメータは合わせ込みを行って利用される。

第5章 シミュレーション

| 第3節 | シミュレーション結果一覧 |

シミュレーション結果一覧を表5-4に示す。実施したシミュレーションの概要，設定，結果概要を示している。

標準設定における結果概要としては，普及を再現することができた。この設定は消費者行動の不均一性と情報ネットワークの不均一性が普及初期で同程度となる設定となっている。

先行研究再現設定における結果概要としては，先行研究の傾向を再現することができた。この設定は消費者行動の不均一性に対して，情報ネットワークの不均一性が支配的となっている。

キャズム再現設定における結果概要としては，キャズム現象を再現することができ，複雑な普及現象を再現することができた。この設定は情報ネットワークの不均一性に対して，消費者行動の不均一性が支配的な設定となっている。

表5-4　シミュレーション結果一覧

| | 概　要 | 設　定 | 結果概要 |
|---|---|---|---|
| 1 | 標準設定 | 消費者行動の不均一性：○<br>情報ネットワーク不均一性：○ | 普及を再現 |
| 2 | 先行研究再現設定 | 消費者行動の不均一性：×<br>情報ネットワーク不均一性：○ | 先行研究の傾向を再現 |
| 3 | キャズム再現設定 | 消費者行動の不均一性：◎<br>情報ネットワーク不均一性：○ | キャズム現象再現<br>（普及複雑性再現） |

| 第4節 | シミュレーション結果（標準設定） |

本節では標準設定でのシミュレーション結果を示す。標準設定では消費者行動の不均一性が影響し，情報ネットワークも影響する設定とする。標準設定での普及層nとInvestigation値を図5-2に示す。

Investigation値を構成する3つの"解決される課題の大きさ$a \times P$"，"消費

59

者行動の不均一性 $b_0 \times Q_0(n)$"、"情報ネットワークの不均一性 $b_1 \times Q_1(n)$"をそれぞれグラフにプロットし内訳を表現した。今回の設定は普及層 n = 1 において"消費者行動の不均一性 $b_0 \times Q_0(n)$"と"情報ネットワークの不均一性 $b_1 \times Q_1(n)$"と"解決される課題の大きさ $a \times P$"がほぼ同等の値となる設定とし、これを標準設定とした。

普及層 n = 1 から n = 6 へ普及過程が変化するのに対して消費者行動は減少という変化をし、情報ネットワークは概ね増加という変化をしていることが分かる。これにより普及過程の不均一性を消費者行動と情報ネットワークの両面で表現できていることが分かる。

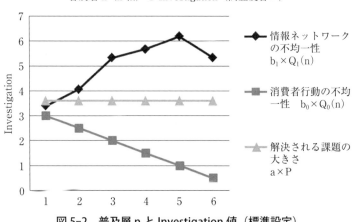

**図 5-2　普及層 n と Investigation 値（標準設定）**

標準設定でのシミュレーション結果を図 5-3 に示し、このシミュレーションでの設定パラメータを表 5-5 に示す。

シミュレーション結果は横軸に普及時間を単位を月としてプロットし、縦軸は月毎の購入者数をプロットしている。購入者数が増加に転じ、ピークを迎え、減少に転じる普及現象を得ることができた。標準設定での普及現象に特異な現象は見られなかった。

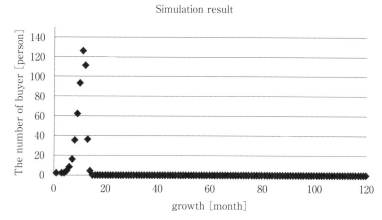

図 5-3　シミュレーション結果（標準設定）

表 5-5　設定パラメータ（標準設定）

| パラメータ | | 設定値 | 備　考 |
|---|---|---|---|
| a：課題係数 | — | 0.6 | |
| $b_0$：利用開始早さ係数 | — | 0.3 | |
| $b_1$：影響受容係数 | — | 0.1 | |
| P：解決される課題の大きさ | — | 6.0 | |
| Bth：購入しきい値 | — | 11.0 | |
| e：影響伝播係数 | — | 0.3 | |

　次に，解析シミュレーション結果を示す。図5-4では全体の購入者数と普及層n＝1〜2の購入者数を別々にプロットした。これにより全体の購入者数に対して初期購入者である普及層n＝1〜2の購入者数の割合を可視化することができる。図5-5は可視化した全体の購入者数に対して初期購入者である普及層n＝1〜2の購入者数の割合をプロットした。縦軸は次のようになる。

　縦軸［％］＝（初期購入者である普及層n＝1〜2の購入者数）/（全体の購入者数）

普及初期においてはこの割合の期待値は約 16％となる。点線四角に示すように，普及ピークの 11 カ月の前で期待値 16％付近の値を示しているため，初期購入者である普及層 n＝1～2 が普及ピーク前に期待どおり存在していることが分かった。

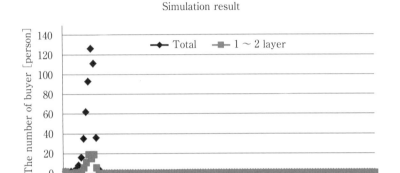

図 5-4　解析シミュレーション結果

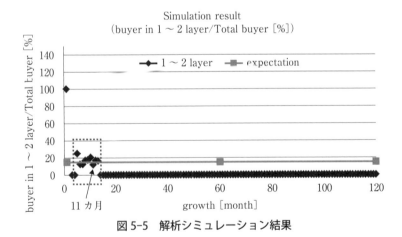

図 5-5　解析シミュレーション結果

複数回の標準設定のシミュレーションの結果においても，普及現象の傾向が再現されることが確認されている。

シミュレーション結果は横軸に普及時間を単位を月としてプロットし，縦軸は月毎の購入者数をプロットすることで，購入者数が増加に転じ，ピークを迎え，減少に転じる普及現象を可視化できている。

シミュレーションでの設定パラメータは，a：課題係数，$b_0$：利用開始早さ係数，$b_1$：影響受容係数，P：解決される課題の大きさ，Bth：購入しきい値，e：影響伝播係数であり，これらの設定パラメータは合わせ込みを実施しており，その値は各表に記載されている。

得られたシミュレーション結果の普及現象に特異な現象は見られなかった。

更にシミュレーション結果の解析についても実施した。

まず全体の購入者数と普及層 n = 1〜2 の購入者数を別々にプロットした。これにより全体の購入者数に対して初期購入者である普及層 n = 1〜2 の購入者数の割合を可視化した。

普及初期においてはこの割合の期待値は約 16％となる。期待値の約 16％とプロットされたものを比較することで初期購入者である普及層 n = 1〜2 の全体の普及過程での支配的な時期が分かる。今回の標準設定では点線四角に示すように，普及ピークの前で期待値 16％付近の値を示しているため，初期購入者である普及層 n = 1〜2 が普及ピーク前に期待どおり存在していることが分かった。

## 第5節　シミュレーション結果（先行研究再現設定）

本節では先行研究再現設定でのシミュレーション結果を示す。先行研究再現設定では消費者行動の不均一性がほとんど影響せず，情報ネットワークのみが影響する設定とする。標準設定での普及層 n と Investigation 値を図 5-6 に示す。

Investigation 値を構成する 3 つの "解決される課題の大きさ a × P"，"消費

者行動の不均一性 $b_0 \times Q_0(n)$"、"情報ネットワークの不均一性 $b_1 \times Q_1(n)$"をそれぞれグラフにプロットし内訳を表現した。今回の設定は普及層n＝1において"消費者行動の不均一性 $b_0 \times Q_0(n)$"と"解決される課題の大きさ $a \times P$"に対して"情報ネットワークの不均一性 $b_1 \times Q_1(n)$"が支配的である設定とし、これを先行研究再現設定とした。

普及層n＝1からn＝6へ普及過程が変化するのに対して消費者行動はほぼ変化なく、情報ネットワークは概ね増加という変化をしていることが分かる。これにより普及過程の不均一性を情報ネットワークが支配する形で表現できている。

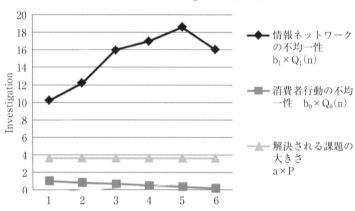

図5-6　普及層 n と Investigation 値（先行研究再現設定）

先行研究再現設定でのシミュレーション結果を図5-7に示す。またこのシミュレーションでの設定パラメータを表5-6に示す。影響受容係数（$b_1$）を大きくすることを優先し、$b_1 = 0.3$ とした。一方、利用開始早さ係数（$b_0$）は小さくし、$b_0 = 0.1$ とした。全体の重みの合計を1とするために、課題係数（$a$）は0.6とした。

シミュレーション結果は横軸に普及時間を単位を月としてプロットし、縦軸は月毎の購入者数をプロットしている。購入者数が増加に転じ、ピークを迎え、

減少に転じる普及現象を得ることができた。先行研究再現設定での普及現象に特異な現象は見られなかった。

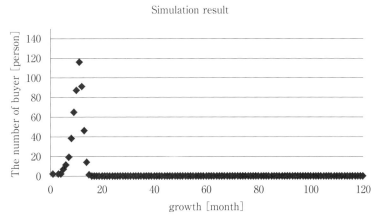

図 5-7　シミュレーション結果（先行研究再現設定）

表 5-6　設定パラメータ（先行研究再現設定）

| パラメータ | 標準設定 | 設定値 | 備　考 |
|---|---|---|---|
| a：課題係数 | 0.6 | 0.6 | |
| $b_0$：利用開始早さ係数 | 0.3 | 0.1 | |
| $b_1$：影響受容係数 | 0.1 | 0.3 | |
| P：解決される課題の大きさ | 6.0 | 6.0 | |
| Bth：購入しきい値 | 11.0 | 22.6 | |
| e：影響伝播係数 | 0.3 | 0.3 | |

　解析シミュレーション結果を図5-8に示す。全体の購入者数と普及層n＝1～2の購入者数を別々にプロットした。これにより全体の購入者数に対して初期購入者である普及層n＝1～2の購入者数の割合を可視化することができる。図5-9は可視化した全体の購入者数に対して初期購入者である普及層n＝1～2の購入者数の割合をプロットした。縦軸は次のようになる。

　縦軸［%］＝（初期購入者である普及層n＝1～2の購入者数）/（全体の購入

者数）

普及初期においてはこの割合の期待値は約 16％となる。点線四角に示すように，普及ピークの 11 カ月の後で期待値 16％以上の値を示しているため，初期購入者である普及層 n＝1〜2 が普及ピーク後に存在していることが分かった。

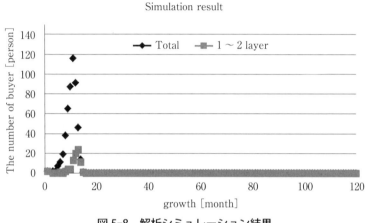

図 5-8　解析シミュレーション結果

まず，標準設定と同様に次のような検証を実施した。複数回の先行研究再現設定のシミュレーションを行い，普及現象の傾向の再現が確認されている。

シミュレーション結果は購入者数が増加に転じ，ピークを迎え，減少に転じる普及現象を可視化できている。

シミュレーションでの設定パラメータは合わせ込みを実施しており，影響受容係数（$b_1$）を大きくすることを優先し，$b_1 = 0.3$ とした。一方，利用開始早さ係数（$b_0$）は小さくし，$b_0 = 0.1$ とした。全体の重みの合計を 1 とするために，課題係数（a）は 0.6 とした。

このような先行研究を再現する設定において得られたシミュレーション結果の普及現象に特異な現象は見られず，先行研究の傾向を再現できていると考えられる。

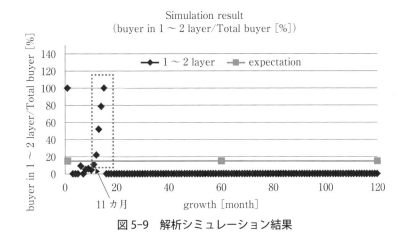

図 5-9　解析シミュレーション結果

　更にシミュレーション結果の解析についても実施し，今回の先行研究再現設定では点線四角に示すように，普及ピークの後で期待値16％以上の値を示しているため，初期購入者である普及層 n＝1～2 が普及ピーク後に存在していることが分かった。

　これは今回の先行研究再現設定で消費者行動の不均一性がほとんど影響せず，情報ネットワークのみが影響する設定となっているため，情報ネットワークの値が小さい普及層 n＝1～2 が普及ピーク後に存在していると考えられる。

## 第6節　シミュレーション結果（キャズム再現設定）

　本節ではキャズム再現設定でのシミュレーション結果を示す。キャズム再現設定では情報ネットワークに対して消費者行動の不均一性が支配的に影響する設定とする。標準設定での普及層 n と Investigation 値を図 5-10 に示す。

　Investigation 値を構成する 3 つの "解決される課題の大きさ a×P"，"消費者行動の不均一性 $b_0 \times Q_0(n)$"，"情報ネットワークの不均一性 $b_1 \times Q_1(n)$" をそれぞれグラフにプロットし内訳を表現した。今回の設定は普及層 n＝1 に

67

おいて"情報ネットワークの不均一性 $b_1 \times Q_1(n)$"と"解決される課題の大きさ $a \times P$"に対して"消費者行動の不均一性 $b_0 \times Q_0(n)$"が支配的である設定とし，これをキャズム再現設定とした。

普及層 n ＝ 1 から n ＝ 6 へ普及過程が変化するのに対して情報ネットワークはほぼ変化なく，消費者行動は減少という変化をしていることが分かる。これにより普及過程の不均一性を消費者行動が支配する形で表現できている。

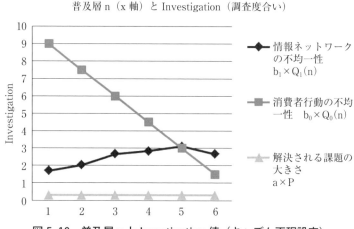

図 5-10　普及層 n と Investigation 値（キャズム再現設定）

キャズム再現設定でのシミュレーション結果を図 5-11 に示す。このシミュレーションでの設定パラメータを表 5-7 に示す。利用開始早さ係数（$b_0$）を大きくすることを優先し $b_0 = 0.9$ とした。一方，影響受容係数（$b_1$）は小さくし，$b_1 = 0.05$ とした。全体の重みの合計を 1 とするために，課題係数（a）は 0.05 とした。

シミュレーション結果は横軸に普及時間を単位を月としてプロットし，縦軸は月毎の購入者数をプロットしている。普及初期に購入者数が増加し始めた後，いったん減少し，その後増加しピークを迎えるキャズム現象を得ることができている。

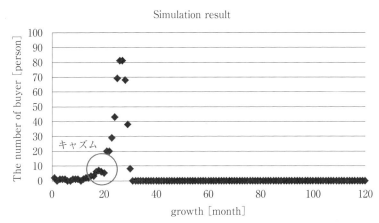

図 5-11 シミュレーション結果(キャズム再現設定)

表 5-7 設定パラメータ(キャズム再現設定)

| パラメータ | 標準設定 | 設定値 | 備 考 |
| --- | --- | --- | --- |
| a:課題係数 | 0.6 | 0.05 | |
| $b_0$:利用開始早さ係数 | 0.3 | 0.9 | |
| $b_1$:影響受容係数 | 0.1 | 0.05 | |
| P:解決される課題の大きさ | 6.0 | 6.0 | |
| Bth:購入しきい値 | 11.0 | 11.01 | |
| e:影響伝播係数 | 0.3 | 0.6 | |

解析シミュレーション結果を示す。図 5-12 は全体の購入者数と普及層 n＝1〜2 の購入者数を別々にプロットした。これにより全体の購入者数に対して初期購入者である普及層 n＝1〜2 の購入者数の割合を可視化することができる。図は可視化した全体の購入者数に対して初期購入者である普及層 n＝1〜2 の購入者数の割合をプロットした。縦軸は次のようになる。

縦軸[％]＝(初期購入者である普及層 n＝1〜2 の購入者数)/(全体の購入者数)

普及初期においてはこの割合の期待値は約16％となる。点線四角に示すように，キャズムが発生している購入者が増加から減少へ転じる18カ月前後で期待値16％を超える約40％以上の高い値を示しているため，初期購入者である普及層 n＝1〜2 が普及初期に存在し普及を牽引しキャズムを発生させていると考えられる。

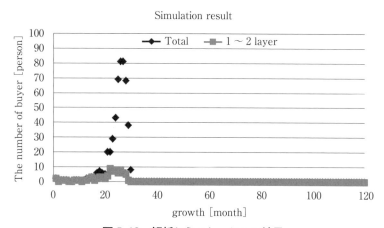

図5-12　解析シミュレーション結果

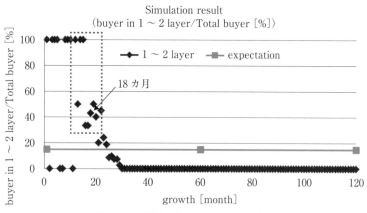

図5-13　解析シミュレーション結果

第 5 章 シミュレーション

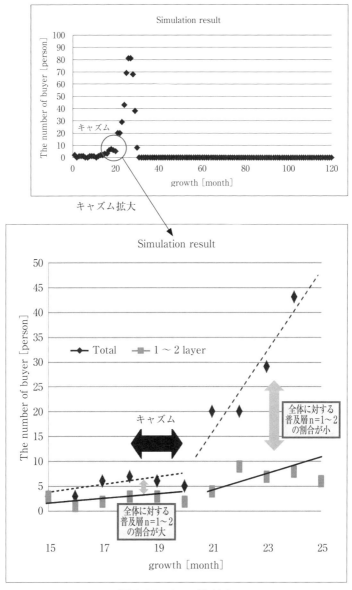

図 5-14 キャズム拡大

図 5-14 の上段のグラフはキャズムの普及現象全体を示している。初期に普及が始まりいったん減速し普及が落ち込んでから再度普及し普及のピークを迎え普及が減少しているキャズムの普及現象が示されている。この普及初期の丸部分で示されたキャズムの期間を拡大したものが，下段のグラフになる。

全体の普及を破線，普及層 n ＝ 1〜2 の普及を実線で示し，全体の普及に対する普及層 n ＝ 1〜2 の影響が視覚的に分かるようにグラフ化している。キャズム前後で（破線の）全体に対する（実線の）普及層 n ＝ 1〜2 の割合が大きく異なることが分かる。キャズム前では普及層 n ＝ 1〜2 の割合が大きく，全体の普及を牽引しているが，キャズム後では割合が小さくなり全体の普及は牽引していない。

普及時期の 18〜20 カ月において，全体購入者数の落ち込み（キャズム）が発生しこれは普及層 n ＝ 1〜2 が支配的であることが分かる。普及時期の 18〜20 カ月で，初期購入者である普及層 n ＝ 1〜2 が普及を牽引し，シミュレーション結果は仮説通り機能している。

普及時期の 21 カ月では，全体に対して，初期購入者である普及層 n ＝ 1〜2 の割合は小さくなる。キャズム現象は普及層 n ＝ 1〜2 の牽引により初期普及が発生し，牽引がなくなることでキャズムにおちいり，その後通常の普及へ移行する構造であることが分かった。

普及層 n ＝ 1〜2 の牽引はすなわち本書で先行研究に対して追加された要素の"普及過程において消費者行動は不均一である"の影響によって引き起こされており，その強弱を決めるパラメータが利用開始早さ係数（$b_0$）であり，まさにこのパラメータを大きくした今回の設定のシミュレーションによりキャズムを再現することができる結果となった。

この一連の関係により本シミュレーション結果は論理整合性が取れていると考えられる。

複数回のキャズム再現設定のシミュレーションを実施しても，キャズムの傾向を再現できることが確認されている。

シミュレーションでの設定パラメータは，合わせ込みを実施しており，利用開始早さ係数（$b_0$）を大きくすることを優先し $b_0 = 0.9$ とした。一方，影響受容係数（$b_1$）は小さくし，$b_1 = 0.05$ とした。全体の重みの合計を 1 とするために，課題係数（a）は 0.05 とした。

　更にシミュレーション結果の解析についても実施し，今回のキャズム再現設定では点線四角に示すように，キャズムが発生する時期で期待値 16％以上の値を示しているため，初期購入者である普及層 n＝1〜2 がキャズムが発生する時期に存在しているという考察結果となり，更に詳細な考察をすすめ，キャズム現象は普及層 n＝1〜2 の牽引により初期普及が発生し，牽引がなくなることでキャズムにおちいり，その後通常の普及へ移行する構造であることが導出された。

　この結果から，先行研究では表現できなかったキャズムを本書では消費者行動の不均一性という要素を追加するという新規性により再現することができたインパクトは小さくはないと考えられる。

## 第7節　プロダクト・イノベーションの普及構造

　本節ではプロダクト・イノベーションの普及の構造について述べる。得られたシミュレーション結果と考察により全体の購入者数に対して初期購入者である普及層 n＝1〜2 の購入者数の割合により，初期購入者である普及層 n＝1〜2 が全体の普及時期のどの時期に支配的に存在するかの観点で分類を実施した。得られた普及の分類を図 5-15 に示す。

　図 5-15 は左からキャズム再現設定，標準設定，先行研究再現設定のそれぞれの普及現象を現している。

　第 1 段目は，全体の普及のシミュレーション結果と普及層 n＝1〜2 のみの普及のシミュレーション結果を示している。これにより普及層 n＝1〜2 が全体の普及時期のどの位置に存在しているかが分かる。キャズム再現設定では普

第2部 プロダクト・イノベーションの普及構造

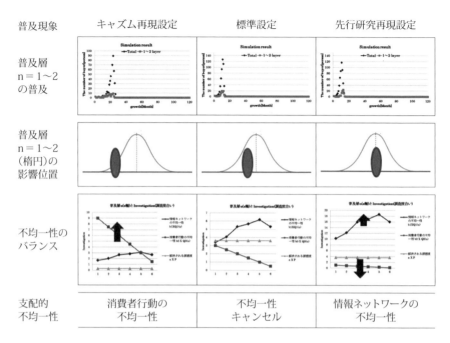

図 5-15　普及の分類

及のかなり初期，標準設定では普及初期，先行研究再現設定では普及中期に存在している。

　第2段目は，普及層 n = 1 ～ 2 が全体の普及時期のどの位置に存在しているかを視覚的に分かりやすく示したのもである．前述したとおり，キャズム再現設定では普及のかなり初期，標準設定では普及初期，先行研究再現設定では普及中期に存在していることが，各普及現象の違いになる．

第5章　シミュレーション

　第3段目は，普及過程における不均一性を示している。このグラフでは普及層 $n=1$ から $n=6$ を横軸に示している。縦軸は消費者行動と情報ネットワークのパラメータを含んでいる。キャズム再現設定では情報ネットワークのパラメータに対して消費者行動のパラメータが大きく支配的である。標準設定では情報ネットワークのパラメータと消費者行動のパラメータは $n=1$ において同程度である。先行研究再現設定では消費者行動のパラメータに対して情報ネットワークのパラメータが大きく支配的である。これらの違いが，各普及現象の違いを発生させている。

　第4段目は，普及過程における支配的な不均一性をまとめており，キャズム再現設定では消費者行動，標準設定では消費者行動と情報ネットワーク，先行研究再現設定では情報ネットワークとなる。このことから，普及構造は"消費者行動の不均一性"と"情報ネットワークの不均一性"の重ね合わせの構造となっているということが明らかになった。

　下段の表は，普及構造をサマリとしてまとめている。キャズム再現設定について，情報ネットワークに対して消費者行動が支配的な設定となる。この結果，普及層 $n=1\sim2$ が全体の普及時期のかなり初期に存在し普及を牽引するがその後減速し再度普及するキャズムを再現することができ，複雑な普及現象を再現することができた。標準設定について，情報ネットワークと消費者行動が $n=1$ で同程度の設定となる。この結果，普及層 $n=1\sim2$ が全体の普及時期の初期に存在し通常普及を再現することができた。先行研究再現設定について，消費者行動に対して情報ネットワークが支配的な設定となる。この設定は標準設定とキャズム再現設定では考慮した消費者行動を考慮しない設定となる。この結果，普及層 $n=1\sim2$ が全体の普及時期の中期に存在し複雑な普及現象を示さない先行研究を再現することができた。

　以上の普及構造の考察，分類により，対象とする市場や商品・サービスなどに依存する"消費者行動の不均一性"と"情報ネットワークの不均一性"のバランスによって，普及層 $n=1\sim2$ が全体普及のどの時期に存在するかが決定

第2部　プロダクト・イノベーションの普及構造

される。その時期によって，キャズムや通常普及や先行研究再現などの普及現象が現れることになる。

表5-8　設定パラメータに対応する想定ケース

| | キャズム再現設定 | 標準設定 | 先行研究再現設定 |
|---|---|---|---|
| パラメータ特徴 | 消費者行動影響大 | バランス | 消費者行動影響小 |
| a：課題係数 | 0.05 | 0.6 | 0.6 |
| $b_0$：利用開始早さ係数 | 0.9 | 0.3 | 0.1 |
| $b_1$：影響受容係数 | 0.05 | 0.1 | 0.3 |
| P：解決される課題の大きさ | 6.0 | 6.0 | 6.0 |
| Bth：購入しきい値 | 11.01 | 11.0 | 22.6 |
| e：影響伝播係数 | 0.6 | 0.3 | 0.3 |
| 想定ケース例 | ・アーリーアダプターが好む商品・サービス<br>・ホールプロダクトになっていない商品・サービス | ・ホールプロダクトとなっている商品・サービス | ・情報ネットワークが発揮しやすいネットに親和性の高い商品・サービス<br>・消費者行動の不均一性が発揮されない市場 |

　各普及現象における消費者行動のパラメータ，情報ネットワークのパラメータ，解決される課題の大きさのパラメータ，対象とする市場や商品・サービスなどの想定を表5-8にまとめた。

注）
1）難波和秀（2017）「新規商品・サービスのマーケティングの為の普及現象の構造化」『関西ベンチャー学会誌』Vol. 9，2017年3月
2）那須清吾（2015）「研究方法論」『高知工科大学紀要』12（1），105-116
3）山影進（2007）『人工社会構築指南』書籍工房早山
4）鷲田祐一（2015）『イノベーションの誤解』日本経済新聞出版社

# 第3部
# 社会への貢献とまとめ

# 6 シミュレーション結果の傾向の一致検証

　本章では，図6-1に示すStep4のシミュレーション結果の傾向一致検証について述べる。シミュレーション結果の普及現象と実社会の普及現象の傾向一致検証を実施する。本章は，難波（2016）[1]を引用，ベースとして，大幅に加筆，修正したものである。

　Step4では，普及現象のシミュレーション結果と実社会の普及現象の傾向一致検証を行った。検証対象の展示会の概要，対象商品・サービスの内容，普及のシミュレーションにより得られた結果と実社会の傾向の一致の検証についてそれぞれ示す。

　第1節では，検証対象について，第2節では普及シミュレーション結果について，第3節では普及シミュレーション結果の傾向一致検証について説明する。

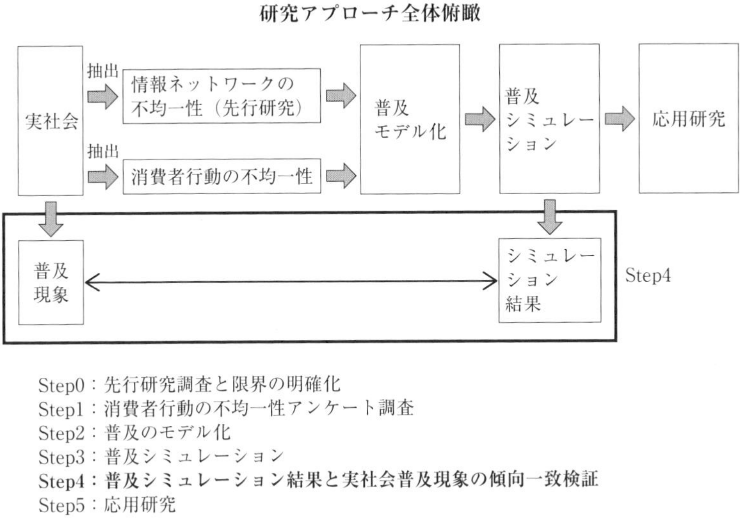
研究アプローチ全体俯瞰
実社会
抽出
情報ネットワークの
不均一性（先行研究）
抽出
消費者行動の不均一性
普及
モデル化
普及
シミュレー
ション
応用研究
普及
現象
シミュレー
ション
結果
Step4
Step0：先行研究調査と限界の明確化
Step1：消費者行動の不均一性アンケート調査
Step2：普及のモデル化
Step3：普及シミュレーション
Step4：普及シミュレーション結果と実社会普及現象の傾向一致検証
Step5：応用研究

**図 6-1　研究アプローチ　Step4**

## 第1節　検証対象

本節では，検証対象について述べる。ジャパンドローン 2016 展示会の事例を対象とする。展示会の概要を表 6-1 に示す。展示会名は，ジャパンドローン 2016 で，ドローンに関連する商品・サービスを展示している。ドローンは比較的近年の商品・サービスとなるため普及の対象事例には適していると考えられる。調査日時は 2016 年 3 月 26 日（土）で，場所は千葉県　幕張メッセとなる。出展規模については，出展者数は 118 社・団体となっている。併設されるイベントとしてドローンレース　in Japan Drone 2016 と Best of Japan Drone アワード　表彰式がある。これらのイベントを用いて対象とする事例の評価の客観性を向上させる。

本展示会への出展者をランダムに調査し，対象の商品・サービスの解決される課題の大きさを評価する。評価者は 15 年以上の社会人経験があり一般的な

第3部　社会への貢献とまとめ

評価スキルは有している。評価者の評価結果と併設イベントの Best of Japan Drone アワードの結果との傾向一致を確認し評価の妥当性確認とする。

**表6-1　ジャパンドローン 2016 概要**

|  | 概　　要 | 備　考 |
|---|---|---|
| 展示会名 | ジャパンドローン 2016 |  |
| 調査日時 | 2016 年 3 月 26 日（土） |  |
| 場所 | 千葉県 幕張メッセ |  |
| 出展者数 | 118 社・団体 |  |
| 併設イベント 1 | ドローンレース in Japan Drone 2016 |  |
| 併設イベント 2 | Best of Japan Drone アワード 表彰式 |  |

　対象商品・サービスの評価結果を表 6-2 に示す。評価結果の高得点 7，8 のものが部門アワードを獲得しており，評価者の評価スキルは妥当であることが検証された。また，各対象をビジネス向けの B2B と消費者向けの B2C に分類した。

第6章　シミュレーション結果の傾向の一致検証

表6-2　対象商品・サービスの評価結果

| No. | 商品・サービス名 | 概　要 | 分類 | 解決課題の大きさに応じた評価値 | Bestアワード |
|---|---|---|---|---|---|
| 1 | A社 | 無線環境チェッカー | ドローンの発着場所の無線環境を測定可能 | B2C | 6 | |
| 2 | B社 | インフラ点検システム | ドローンによるインフラ維持管理のスマート化。橋梁，トンネル等の高所にある点検対象構造物の変化箇所を速やかに特定し，データを蓄積，解析することができるインフラ点検システム | B2B | 5 | |
| 3 | C社 | 農作物育成把握 | マルチスペクトルカメラを用いて農作物の育成状況を把握 | B2C | 6 | |
| 4 | D社 | リアルタイム状況把握 | 人が立ち入りにくい場所の映像をドローンが遠隔地へリアルタイムに送信し状況把握する。保守点検，水難救助，災害対策 | B2B | 5 | |
| 5 | E社 | 飛行支援地図サービス | ドローンに特化した飛行支援地図サービス | B2C | 7 | 部門アワード |
| 6 | F社 | ドローントレーニングスクール | 講習による航空法，電波法などの法令，操縦技術からドローンの機体構造，整備方法などをコースによって学べる | B2C | 4 | |
| 7 | G社 | ソーラパネル点検サポート | ドローンによる可視カメラと赤外カメラによる空撮画像により，パネルの故障箇所のホットスポットを検出，レポート報告する | B2B | 7 | |
| 8 | H社 | 自律飛行ドローン | GPSが受信できない環境においてもドローンの安定した自律飛行を提供 | B2B | 8 | 部門アワード |

# 第2節　普及シミュレーション結果

　対象とする事例に対して普及シミュレーションを実施した。設定パラメータは表6-3のとおり設定しており，解決される課題の大きさPについては，対象の事例の評価値に応じて，B2Bについては5.7〜6.0〜6.09に設定し，B2C

81

については5.45〜6.0〜6.12に設定する。その他のパラメータの課題係数a，利用開始早さ係数$b_0$，影響受容係数$b_1$，解決される課題の大きさP，購入しきい値Bth，影響伝播係数eについては表6-3に記載の値とした。

シミュレーションは事例の評価値に応じた解決される課題の大きさPを各事例毎に設定し実行した。シミュレーション結果は横軸に普及期間，縦軸に購入者数を表示するグラフに可視化するとともに，普及のピークまでの期間を算出した。

表6-3　設定パラメータ

| パラメータ | 標準設定 | B2C 分類 | B2B 分類 |
|---|---|---|---|
| a：課題係数 | 0.6 | 0.6 | 0.6 |
| $b_0$：利用開始早さ係数 | 0.3 | 0.3 | 0.1 |
| $b_1$：影響受容係数 | 0.1 | 0.1 | 0.3 |
| P：解決される課題の大きさ | 6.0 | 6.0[**] | 6.0[*] |
| Bth：購入しきい値 | 11.0 | 11.0 | 22.6 |
| e：影響伝播係数 | 0.3 | 0.15 | 0.15 |

＊評価値1〜10（6平均）に応じて5.7〜6.0〜6.09の解決される課題の大きさPの値を使用する（B2B）。
＊＊評価値1〜10（6平均）に応じて5.45〜6.0〜6.12の解決される課題の大きさPの値を使用する（B2C）。

B2Cについてシミュレーション結果を示す。No.1の無線環境チェッカー（解決課題評価値＝6）を対象としたシミュレーション結果を図6-2，設定パラメータを表6-4に示す。本商品・サービスはドローンの発着場所の無線環境を測定することが可能である。No.5の飛行支援地図サービス（解決課題評価値＝7）を対象としたシミュレーション結果を図6-3，設定パラメータを表6-5に示す。本商品・サービスはドローンに特化した飛行支援地図サービスである。

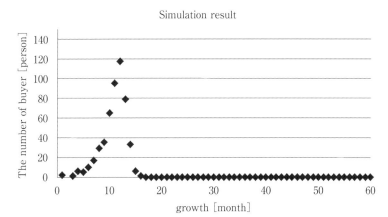

図6-2 シミュレーション結果（ピーク 12カ月）

表6-4 設定パラメータ

| パラメータ | B2C分類 | 設定値 | 備考 |
|---|---|---|---|
| a：課題係数 | 0.6 | ← | |
| $b_0$：利用開始早さ係数 | 0.3 | ← | |
| $b_1$：影響受容係数 | 0.1 | ← | |
| P：解決される課題の大きさ | 6.0 | 6.0 | 評価値＝6 |
| Bth：購入しきい値 | 11.0 | ← | |
| e：影響伝播係数 | 0.15 | ← | |

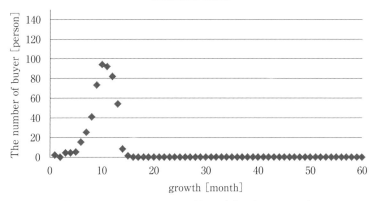

図6-3 シミュレーション結果（ピーク 10カ月）

第3部 社会への貢献とまとめ

表6-5 設定パラメータ

| パラメータ | B2C分類 | 設定値 | 備考 |
|---|---|---|---|
| a：課題係数 | 0.6 | ← | |
| $b_0$：利用開始早さ係数 | 0.3 | ← | |
| $b_1$：影響受容係数 | 0.1 | ← | |
| P：解決される課題の大きさ | 6.0 | 6.04 | 評価値＝7 |
| Bth：購入しきい値 | 11.0 | ← | |
| e：影響伝播係数 | 0.15 | ← | |

## 第3節　普及シミュレーション結果の傾向の一致検証

　本節ではシミュレーション結果の傾向一致検証について述べる。

　現時点では，ジャパンドローン2016で評価値の大きくかつ部門アワードを受賞した商品・サービスが既存の商品・サービスの枠を超えドローンでしかできない新たな価値を提供できており，普及シミュレーションでも他の事例より早い普及の結果となり，シミュレーション結果と傾向が一致することが分かった。

　今回対象とした比較的最近の分野であるドローンにおいては今後の普及現象と今回のシミュレーション結果の傾向一致検証を実施していくことが必要となる。

　このように普及シミュレーション結果による普及予測と，現時点での相対的な普及の早さの傾向が一致する事例もあり，本書の妥当性が部分的に検証された。

　本検証では新商品・サービスの事例を用いて，普及シミュレーションを実施し，得られた結果を相対的な比較での傾向比較により検証した。検証の結果，普及予測と普及事例が相対的に傾向が一致する事例もあり，普及シミュレーションの妥当性が部分的に検証された。本検証の限界は，検証方法が相対比較であることと，十分な普及期間をカバーできず初期の部分的な検証に限定されることである。

84

注）
1）難波和秀（2016）「不確実性低減のためのマーケティング手法の相対比較」日本
　ベンチャー学会　第19回全国大会，2016年12月

# 7 ソリューション提案

本章では，図 7-1 に示す Step5 の応用研究について，本書の社会への貢献としてマーケティングの一例や応用，展開の例を示す。

第 1 節では本書の社会への貢献について，第 2 節ではソリューション例についてそれぞれ説明する。

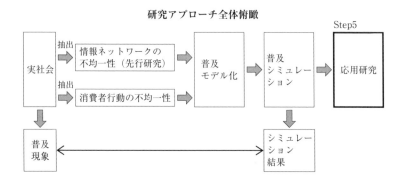

図 7-1　研究アプローチ　Step5

## 第 1 節　社会への貢献

本研究の社会への貢献は，次のようなものが考えられる。

第 1 に，普及シミュレーション，普及構造考察を通じて有効なマーケティ

ングを立案できる。

　第2に，実際の過去の普及データを有している企業が本研究で得られた普及構造に基づき解析を実施すると将来の普及を予見でき，経営へのインパクトが大きい経営戦略，事業戦略立案に利用できる。

　第3に，相対的な普及構造をモデル式で表現しており，絶対的なパラメータに応じた普及予測の精度向上は，今後の人工知能（AI）研究等の発展によるパラメータ最適化で実現できる可能性があり，次世代の研究のための基礎研究としての普及構造を提供できる。

## 第2節　ソリューション例

　本書の成果は，プロダクト・イノベーションの不確実性の低減へ貢献できると考えられる。新たに開発された新商品・サービスを普及させることは重要であるが，普及が停滞することも少なくないため，本研究の成果を普及促進に活用することで，プロダクト・イノベーションの実現，企業経営における有効な経営戦略や事業戦略の実現，新規起業やベンチャーの活性化へ貢献できる可能性がある。

　今回の研究の成果により，普及の構造が明らかになり普及の予測が可能となり，不確実性が低減できるため，多くの他分野での応用，展開が考えられる。他分野への応用，展開のソリューションの例として，プロジェクトマネジメントにおけるリスク識別，サプライチェーンマネジメントにおける需要予測，中小企業における経営革新，技術経営（MOT）における技術マーケティング，地域イノベーションなどが考えられる。

　プロジェクトマネジメントのリスク識別については，従来の開発を対象とするプロジェクトマネジメントではなく，新規商品企画を対象とするプロジェクトマネジメントにおいては，未知リスクを多く抱えることとなりリスクマネジメントが困難となる。今回の研究成果を応用，展開することでリスク識別が可

第3部 社会への貢献とまとめ

能となり既知リスクをマネジメントできる可能性がある。

　サプライチェーンマネジメントにおける需要予測については，より新規の商品・サービスの需要予測は困難となる。今回の研究成果を応用，展開することで新規の商品・サービスについても需要予測が可能となり，サプライチェーンマネジメントを最適化できる可能性がある。

　中小企業における経営革新については，大企業に対して経営資源の少ない中小企業では新規の商品・サービスの開発は大きなリスクを伴う。今回の研究成果を応用，展開することで新規の商品・サービスの開発のリスクを下げ，経営革新を実行できる可能性がある。

　技術経営（MOT）における技術マーケティングについては，技術マーケティングは一般マーケティングより踏み込んだ新規商品開発計画を扱うことができる。今回の研究成果を応用，展開することで新規の商品・サービスの顧客価値や普及を考慮することができ，有効な技術マーケティングに基づく技術経営（MOT）が実行できる可能性がある。

# 8 サプライチェーンマネジメントの需要予測への応用例

　本章では本書の応用例としてサプライチェーンマネジメント（SCM）の需要予測への応用について述べる。本章は難波（2017）[1]を引用，ベースとして，加筆，修正したものである。

　近年，マーケティングサイエンスの手法を用いて消費者行動をモデル化し，個々のエージェントの動きを模した実世界をシミュレーションする試みが実行されている。個々の消費者をエージェントとしてモデル化したものはエージェント・ベース・モデル（ABM）と呼ばれ，本書も同様に消費者をエージェントとしモデル化している。このようなマーケティングサイエンスの手法によることで，従来の商品・サービスのデータを用いることができない新商品・サービスの需要予測ができる可能性がある。新商品・サービスの普及は複雑である。複雑な新商品・サービスの普及から需要を予測することで，新たな開発リスク低減，生産管理での在庫低減などの効果が期待できる。従って，本書で得られた普及のシミュレーションというマーケティングサイエンスを応用した需要予測を生産管理へ併用することの可能性について考察する。

## 第1節　サプライチェーンマネジメントにおける需要予測

　本節ではサプライチェーンマネジメント，生産管理での需要予測について先行研究[2]を引用して述べる。

　「変化する市場環境や他社との競合において，サプライチェーンマネジメントは重要な役割を果たす。サプライチェーンマネジメントは，原材料や部品の調達から製造，流通，販売という最終消費に至る商品供給の流れを供給連鎖と

89

捉え，それに参加する企業・部門の間で情報を相互に共有・管理することで，ビジネスプロセスの全体最適を目指す戦略的な経営手法やそのための情報システムである」と全体最適の重要性が述べられている[2]。全体最適の中で川下に位置づけられる顧客からの需要の影響が全体へ与える影響は大きく，川下の需要の変動リスクの安定化が必要とされる。その重要性について，「企業が需要を管理する目的は一言で言うならば，製品の販売量（需要）と生産量（供給）を最適に保つことです。需要管理は，需要側と供給側の最適数量をすり合わせることが要求されるため，サプライチェーンマネジメントの各機能で一番難しくもあり，また一番重要であるとも言えます」と指摘されている[2]。

このように需要管理は重要であるが，その難しさについて，「自社が販売する全製品の需要を100％の精度で予想することはほぼ不可能です。いわゆる統計的な需要予測モデルが組み込まれた需要予想ツールなどを用いたとしても，その精度向上には限界があります。」と述べられている[2]。この困難さに対して，「しかしこれが50％の精度でよいと言うこともありません。100％の予想精度ではなくてもより高い精度で予想する必要があります。予想精度が低ければ低いほど製造側は在庫を多く確保して対応するか，生産計画の変更，出荷数量の調整など，後続の業務をやりくりして対応することになり，大きな影響を及ぼすからです。したがって，サプライチェーンの起点ともいうべき需要予測は，100％ではなくても精度を高めることが重要です。」とサプライチェーンの起点である川下の需要予測の重要性が指摘されている[2]。

通常の製品に加えて，世の中へ大きなイノベーションを与えるより新規性の高い新商品やサービスの場合，今までにない価値を持っているため，過去のデータ，経験が参考にしにくく，より需要予測は難しくなり，ますます重要性は増すことになる。

従来の需要予測について，需要予測の精度向上のポイントを図8-1に示し，概要を次に述べる[2]。1点目は「製品の販売特性を把握する」であり，製品の種類や販売特性に応じて，旬別や週別に把握する必要がある。2点目は「製品

の基礎需要と特売需要を把握する」であり，何らかのプロモーションによる増加分をコントロールすることに意味がある。3点目は「製品の販売特性に合った需要予測モデルを適用する」であり過去の販売実績データを用いて次週や次月以降の予測を計算する。4点目は「意思入れする製品を分類する」であり，算出した予測値をそのまま販売計画として使用するのか，その予測値からプラスもしくはマイナスする「意思入れ」をするのかを分類する。5点目は「定期的にモニタリングする」であり，需要予測の精度を検証し，現状の方法が適しているか，定期的にモニタリングし見直すことが必要である。

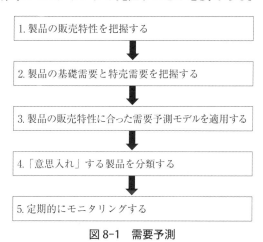

図8-1　需要予測
出所）アーンスト・アンド・ヤング・アドバイザリー（2014）

　このような需要予測のフローの中で，世の中へ大きなイノベーションを与えるより新規性の高い新商品やサービスを想定した場合，3点目の「製品の販売特性に合った需要予測モデルを適用する」は過去の販売実績データを用いて将来の予測を計算するため新規性の高い商品やサービスに適用することは難しい。

## 第2節　マーケティングサイエンスを応用した需要予測

　本節ではマーケティングサイエンスに基づく需要予測のサプライチェーンマ

ネジメント (SCM) への併用について述べる。普及シミュレーション手法を需要予測フローへ適用したものを図 8-2 に示す。従来は，3 点目の「製品の販売特性に合った需要予測モデルを適用する」では過去の販売実績データを用いていたが，新規性の高い商品の場合，過去の販売実績データが使用できないため，普及シミュレーションを適用するフローを提案する。これにより，新規性の高い商品に対する需要予測フローを実現することができる。

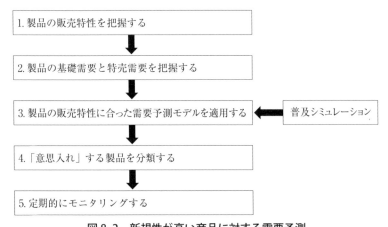

**図 8-2 新規性が高い商品に対する需要予測**
出所）アーンスト・アンド・ヤング・アドバイザリー（2014）に加筆

　このようにサプライチェーンマネジメントの重要な役割である需要予測において，過去の販売実績データを持たない新規性の高い商品を対象とする場合を検討した。普及シミュレーションを用いることで，過去の販売実績データが無くても需要予測の傾向を得ることができ，この普及シミュレーションを組み込んだ新規性が高い商品に対する需要予測フローを示した。本手法によりサプライチェーンマネジメントへ大きな影響を与える川下の顧客側の需要変動リスクを安定化させることが期待される。本手法の限界は，用いた普及シミュレーションが限定した消費者のモデル化を用いており，結果は傾向性を中心に用いることになる点である。しかし，先に述べた「需要予測は，100％ではなくても精度を高めることが重要です」に対して少しでも本手法が貢献できることは期

待できる。

　本手法はマーケティングサイエンスに基づいた需要予測を生産管理へ併用することの可能性を示した段階であり，有効性の検証は今後の課題となる。


**注）**

1）難波和秀（2017）「マーケティングサイエンスに基づいた需要予測を併用した生産管理に関する考察」『日本生産管理学会論文誌』24（2），2017 年 10 月
2）アーンスト・アンド・ヤング・アドバイザリー（2014）『サプライチェーンマネジメントの理論と実践』幻冬舎

# 9 まとめ

　製造業における高品質なものづくりに加えて，従来にない新商品・サービスによる価値創造，イノベーションは今まで以上に重要となっている。今までにない価値創造のためのプロダクト・イノベーションを実現するためには，第1にプロダクト・イノベーションの推進人材，第2にプロダクト・イノベーションそのものの開発，第3に開発されたプロダクト・イノベーションの普及などが必要となる。第3の新たに開発された新商品・サービスを普及させることは重要であるが，普及が停滞することも少なくない。

　このような背景により，プロダクト・イノベーションの普及の構造を明らかにし，プロダクト・イノベーションの不確実性を低減させることが求められている。

　本書では先行研究で考慮されていない消費者行動の不均一性に着目し，"消費者行動の不均一性を考慮すると複雑な普及現象を再現できるのではないか"という仮説を設定した。複雑な普及現象とは，例えばキャズムとよばれる普及初期に普及が減速するような現象である。

　本書の目的は，仮説検証による複雑な普及現象の再現を通じて，プロダクト・イノベーションの普及構造を明らかにすることである。この目的を実現するために，普及を構成する要素のモデル化，それらのモデルを用いたシミュレーション，モデルとシミュレーション妥当性検証をサブ目的とした。

（1）本書の目的に対する結論として，普及構造は"消費者行動の不均一性"と"情報ネットワークの不均一性"の重ね合わせの構造となっていることが明らかになった。対象とする市場や商品・サービスなどに依存する"消費者行動

の不均一性"と"情報ネットワークの不均一性"のバランスによって，初期購入者としての属性をもっている消費者（普及層 n＝1～2）の全体普及への影響する時期が決定される。その時期によって，キャズム現象や通常普及現象として現れるということがシミュレーションから明らかになった。

【結論】普及構造は"消費者行動の不均一性"と"情報ネットワークの不均一性"の重ね合わせの構造となっている。

（2-1）先行研究では普及過程において情報ネットワークの不均一性が明らかにされている。本書では，先行研究では考慮されていない消費者行動について，"普及過程における消費者行動は不均一である"という仮説を設定し，アンケート調査を用いて仮説検証を実施した。仮説検証の結果，"普及過程の消費者行動は不均一である"という仮説は支持された。得られた重回帰式の考察から，調査するという消費者行動は"解決される課題の大きさ"と"消費者属性としての利用の開始の早さ"に影響を受ける構造となっていることが明らかになった。

【結論】普及過程の消費者行動は不均一であり，調査するという消費者行動は"解決される課題の大きさ"と"消費者属性としての利用の開始の早さ"に影響を受ける構造となっている

（2-2）普及過程における消費者行動の不均一性と情報ネットワークの不均一性の両方を反映した消費者の調査行動を表す Investigation モデルを提案する。Investigation モデルをコアとする実社会のシミュレーションを簡易，低コストに実施するために，Investigation モデルを用いた消費者行動モデルと，消費者行動モデルを用いたエージェント相互作用モデルを提案する。提案するモデルを適用したシミュレーションを実施し，普及現象を再現することができた。パラメータ設定によってはキャズム現象を再現することができた。

【結論】普及のモデル化を提案し，シミュレーションにより複雑な普及現象と

してキャズムを再現することができた。これにより仮説の"消費者行動の不均一性を考慮すると複雑な普及現象を再現できるのではないか"は支持された。

(2-3) 提案するモデルとシミュレーションの妥当性検証のために，実際の導入初期の商品・サービスの事例を調査し，シミュレーションで普及予想を得ることができた。

　事例の中で述べられているドローン関連商品・サービスについての現時点での普及と，今回のシミュレーション結果と傾向が一致する事例があった。このように普及シミュレーション結果による普及予測と，現時点での相対的な普及の早さの傾向が一致する事例もあり，本書の妥当性が部分的に検証された。

【結論】シミュレーションによる普及予測と，現時点での相対的な普及の早さの傾向が一致する事例もあり，本書の妥当性が部分的に検証された。

(3) 本書の社会への貢献は，第1に，普及シミュレーション，普及構造考察を通じて有効なマーケティングを立案できること，第2に，実際の過去の普及データを有している企業が本書で得られた普及構造に基づき解析を実施することにより将来の普及を予見でき，経営へのインパクトが大きい経営戦略，事業戦略立案へ利用できること，第3に，相対的な普及構造をモデル式で表現しており，今後の人工知能（AI）研究等の次世代の研究のための基礎研究としての普及構造の提供ができることなどが考えられる。応用の一例としてマーケティングサイエンスに基づいた需要予測を生産管理へ併用することの可能性を示した。

　今後，社会課題が世界に先行して到来する課題先進国の日本ではサイバー世界とフィジカル（現実）世界を融合させたサイバーフィジカルシステムによって社会課題を解決し，同時に経済発展も達成する社会としてソサエティ 5.0（Society5.0）が期待されている。このような社会を実現するために，各種セン

サがインターネットでつながりフィジカル世界のデータを収集する IoT（Internet of Things），フィジカル世界及びサイバー世界で収集されたデータを解析する AI（人工知能），収集された大量のデータであるビッグデータを解析するデータサイエンスなどが今後ますます必要とされる。2018 年 6 月 15 日に閣議決定された「未来投資戦略 2018」において，ソサエティ 5.0 は今後の日本の目指す社会として方向づけされている。

　多くのモノがインターネットを通じてつながる情報ネットワークが高度化した IoT 時代においては，本書で示した情報ネットワークと消費者行動の両方を考慮した普及構造が重要となる。今後ますます AI の発展が期待される時代においては，本書で示した普及構造は AI によるパラメータの最適化，実践，応用展開により進化するための基礎研究として重要である。大量のデータであるビッグデータを解析するデータサイエンス時代においては，本書で示した普及の構造化のアプローチのように現実世界から抽出したデータをデータサイエンスの手法で構造化するアプローチが重要となる。このようにデータサイエンス/AI/IoT 時代においては，本書で示したプロダクト・イノベーションの普及構造は重要な役割を果たし，今後の発展に対して基礎的な知見を提供できる可能性がある。

　更に，普及構造を情報ネットワークと消費者行動の重ね合わせとして表現できたことで，今後の社会の進展に対応できる可能性を有している。情報ネットワークは IoT，AI，データサイエンスによって今後ますます進展すると考えられる。消費者行動は社会的な課題の解決に寄与するような行動に影響を受ける可能性が考えられる。例えば，2015 年に国連で合意された 2030 年までの目標である SDGs（Sustainable Development Goals）を起点とした行動が消費者行動に影響を与える可能性がある。このように本書で示した普及構造は情報ネットワークと消費者行動の重ね合わせとして表現できているため，今後の社会の進展に応じて最適化，精緻化することができる。

　本書の限界は，限定された対象者，カテゴリに対するアンケート調査での重

第3部 社会への貢献とまとめ

回帰分析に基づきモデル化を行っている点，提案するモデルを用いたシミュレーションについて合わせ込みを実施しており傾向を中心に利用する点，シミュレーションの妥当性検証において，現時点での相対的な普及の早さの傾向による部分的な妥当性検証となっている点である。

# 索　引

ABM　89
AI　87, 96, 97
IoT　97
MOT　87, 88

SCM　89
SDGs　97
Society5.0　96

---

**ア**
アーリーアダプター　19, 20, 45

**イ**
イノベータ理論　18
意味的価値　13

**エ**
エージェント・ベース・モデル　89

**オ**
オープン・イノベーション　18

**カ**
価値創造　14, 94

**キ**
起業　16, 87
技術経営　87, 88
技術マーケティング　87, 88
技術ロードマップ　16
キャズム　20, 28-31, 67-76, 94

**ク**
クリティカルマス　20

**ケ**
経営学　16

経営戦略　87, 96

**サ**
サイバーフィジカルシステム　96
サプライチェーンマネジメント　88,
　89, 92

**シ**
事業戦略　16, 87, 96
シミュレーション　30, 31, 53-76
重回帰分析　42, 97
需要予測　88, 93, 96
消費者意思決定過程モデル　35, 36
消費者行動　22, 27-31, 35-43
情報ネットワーク　21, 22, 24, 27-31
人工知能　87, 96, 97

**セ**
生産管理　89, 93, 96

**ソ**
ソサエティ 5.0　96

**チ**
地域イノベーション　87
中小企業　87, 88

## 索　引

**テ**

デザイン思考　16-18

データサイエンス　97

電子デバイス　8

**ハ**

バスの普及モデル　21, 24-26

半導体　8, 9

**ヒ**

ビッグデータ　97

**フ**

普及　11-14, 18, 22, 28, 31, 54

普及シュミレーション　22, 86, 92, 96

プロジェクトマネジメント　87

プロダクト・イノベーション　8, 9, 14, 16-18, 21, 30, 31, 87, 94, 97

**ヘ**

ベンチャー　87

**マ**

マーケティング　9, 14, 22, 86, 96

マーケティングサイエンス　89, 91, 95, 98

マルチエージェントシミュレーション　54, 55

**モ**

問題の開発　17, 18

**リ**

リスクマネジメント　87

## 【著者紹介】

**難波和秀**（なんば　かずひで）

現　　　職　流通経済大学 経済学部 経営学科 准教授　博士（学術）
経　　　歴　2000年広島大学大学院博士前期課程修了，修士（工学）
　　　　　　2017年高知工科大学大学院博士後期課程修了
　　　　　　2000年からシャープ株式会社，2009年からソニー株式
　　　　　　会社にて商品設計，商品企画，事業開発などのマネジャ
　　　　　　ーを経て現在に至る。
所属学会　映像情報メディア学会（アントレプレナー・エンジニア
　　　　　　リング研究会委員），日本生産管理学会，日本ベンチャー
　　　　　　学会，日本産業経済学会，経営情報学会，地域活性学会
研究分野　社会課題を起点とした事業創造アプローチ／ビジネスモ
　　　　　　デル，地域活性化，技術経営（MOT），次世代／地域の
　　　　　　起業家人材，データサイエンス

---

### データサイエンス/AI/IoT時代におけるプロダクト・イノベーションの普及構造

2018年8月15日　第1版第1刷発行

著　者　難　波　和　秀

発行者　田中　千津子　　〒153-0064　東京都目黒区下目黒3-6-1
　　　　　　　　　　　　　電話　03（3715）1501（代）
発行所　株式 学文社　　FAX　03（3715）2012
　　　　会社　　　　　　　http://www.gakubunsha.com

©NANBA Kazuhide 2018　　　Printed in Japan　　　印刷　新灯印刷㈱
乱丁・落丁の場合は本社でお取替えします。
定価は売上カード，カバーに表示。

ISBN978-4-7620-2825-0